平和憲法と永世中立

安全保障の脱構築と平和創造

澤野義一 著

法律文化社

はしがき

筆者は、これまで憲法学の分野から平和主義について研究を行ってきているが、二〇〇七年頃から執筆・公表した論文（後掲の初出文献一覧）を、『平和憲法と永世中立——安全保障の脱構築と平和創造——』というタイトルのもとで、現時点での知見を踏まえた加筆等による全体的な調整を行い、刊行するに至ったのが本書である。本書は二〇〇七年四月に刊行した筆者の前著『平和主義と改憲論議』（法律文化社）の続編でもあるが、本書がどのような憲法状況のもとで刊行されようとしているのかについて認識しておくことも必要と思われるので、本書の構成や特色を述べるに先立って、現在の憲法状況について言及しておくことにしたい。

前著を刊行した頃は、与党自民党の小泉政権につづく安倍政権で、それまでにない活発な改憲論議が展開されていた。改憲論議だけでなく、教育基本法の改悪、防衛省設置、海外派兵を本格任務に格上げする自衛隊法改悪、イラク特別措置法の延長、集団的自衛権行使容認等のための首相の諮問機関設置、憲法改正国民投票法の制定などが行われた。しかし、このような国家主義的・保守主義的色彩の強い憲法政治を行った安倍政権は、国民から敬遠され失脚した。それ以降の福田・麻生政権では、安倍政権のような強引なタカ派的政治は控えられたが、小泉政権以来顕著になっていた新自由主義政策による格差社会の是正問題に対処できず、自民党は二〇〇九年八月の衆議院選挙で、「国民の生活が第一」を掲げる民主党に敗北した。

最初の民主党政権である鳩山内閣は、自民党政権でとられてきた、格差社会を生み出す構造改革路線の修正（福祉政策の一部復活）や対米従属路線の修正（在日米軍基地の見直しなど）の方針を示したが、現実政治の壁に阻まれ実施不能になったため、次期の菅政権は法人税引き下げ・消費税増税や日米同盟の深化といった現実主義路線に舵を切った。しかし、それでも不十分だということで、野田新政権は、それ以上に支配層が期待する現実主義路線を指向している。自民党政権と変わらない憲法政治への回帰である。

それは、国民の生存権保障や非戦・非武装平和主義を重視する憲法の理念を否定することになる。平和憲法との関係でみると、次のような問題点ないし危険性が指摘できよう。

第一は、日米同盟強化である。対米従属路線を修正し対等な日米関係とアジア関係を重視する姿勢を示す鳩山首相の「東アジア共同体」論の提案について、野田首相は、日米同盟を軽視するものとして反対している。そして、東日本大震災における米軍のトモダチ作戦を評価し、普天間の辺野古移設など日米合意を積極的に推進しようとしている。日米同盟は、アジア太平洋の地域安全保障の「国際公共財」としても位置づけられているのである。

第二は、憲法九条の形骸化である。野田首相と同様、日米同盟強化論に立つ民主党政調会長の前原議員は、訪米して、普天間の辺野古移設、武器輸出三原則の緩和、ＰＫＯ五原則（武器使用基準）の緩和などを公言したが、野田政権による、紛争地域にある南スーダンＰＫＯ派遣の新たな決定は、ＰＫＯ五原則の緩和の実績づくりを意図するものである。前原議員の提案は、二〇一〇年八月に菅首相に対し諮問機関から提出された「新安保防衛懇報告書」（専守防衛を超える集団的自衛権行使の部分的容認）にみられるものであるが、野田首相も、著書・論文等では、集団的自衛権行使や自衛隊恒久派兵法の容認、憲法九条改正（新憲法制定）の持論を述べている。

第三は、改憲手続きの準備である。憲法改正国民投票法や改憲原案を審議する国会の憲法審査会規程はすでに制定されていたが、民主党が消極的であったため、憲法審査会は運用されてこなかった。しかし、衆参ねじれ国会をスムーズに運営するため、民主党のイニシアチブのもとで民主・自民・公明党などの賛成多数により、二〇一一年一〇月二〇日に衆参本会議において、憲法審査会委員の選出が強行された。憲法審査会が始動することになれば、自民と民主の二大保守政党によって改憲作業が進行することもありうる。さらに、民主党は衆議院議員の比例定数一八〇のうち八〇削減を提案しているが、野田首相は比例代表を全廃し小選挙区三〇〇だけにするのが持論である。もしそれが現実化すると、議員経費のムダづかいの見直しという名目のもとに、少数野党の護憲政党議員がいなくなり、改憲が容易になる恐れもある。

第四は、右の第三で指摘したことと関連するが、野田政権のもとで、松下政経塾の安全保障と改憲論が体現される危険性である。現民主党政権の方針を決定するキーマンである前原政調会長と野田首相は、いずれも松下政経塾出身であり、同塾の「日米次世代会議」が提言した報告書『日米同盟試練の時』（二〇〇八年）のプロジェクト委員と賛同者である。この報告書には、東アジア共同体よりも日米同盟基軸のアジア太平洋共同体を重視する観点から、集団的自衛権行使の容認、恒久派兵法の整備、憲法九条二項の改正、アメリカの「核の傘」の維持、非核三原則の「核を持ち込ませず」の修正といった政策提言がなされている。野田首相や前原議員の発言は、当該報告書の提言に沿ってなされていることは明らかである。この点は、注視しておく必要がある。

第五は、原発の推進である。民主党政権は当初原発輸出を含む原発推進の立場にあったが、二〇一一年三月の福島原発事故に直面し、退陣直前の菅首相は脱原発による新エネルギー政策論に転換した。しかし、それは民主党内や支配層に支持されず、結局、野田首相は原発輸出と原子力の平和利用を継続する方針をとっている。しかも、原発を新興国が求める限り輸出するのが震災後の日本の「新しい国際貢献」として正当化しているが、福島原発事故の復旧や原発の安全性の目処がない中での野田首相の見解は、きわめて無責任といえる。なお、福島原発事故を契機に、核の軍事利用（核武装）だけでなく平和利用（原発利用）についても、平和憲法と基本的人権の観点から、その憲法問題（違憲性）を検討する必要があろう（本書第七章の五で簡単に言及）。

さて、本書は、以上のような憲法状況を念頭において、それに対する間接的ないし直接的な批判・検討を意図する諸論文を収録しているが、以下において、本書の構成や特色について述べることにする。

本書における平和主義研究の視点や目標は前著と基本的に変わらないが、本書には、①前著で扱ったテーマを現時点で再整理・検討した論文（自衛隊海外派兵法や自治体平和政策に関する論文）、②前著で扱ったテーマをより詳細に考察した論文（非武装永世中立関連の論文）、③前著では簡単にしか言及されていないが、本書で新たに章（テーマ）を設けて考察した論文（北東アジアの安全保障や、武力紛争の際の文化財保護などに関する論文）を収録している。

本書の第一部は第一章から第三章で、第二部は第四章から第八章で構成されているが、まず、「平和憲法と永世中立」と題する第一部は、本書の基本的立脚点と特色を示すところであり、かつ、第二部で扱う政府の現実的な安全保障政策を批判する視座を与えるものである。日本の平和憲法の安全保障政策は非武装永世中立の観点からなされるべきだという筆者の提唱（憲法九条は実質的な「非武装永世中立」規定と解されるという説）に説得力を与えるために、第二章では中立国コスタリカの憲法と平和主義を、第三章では、日本における非武装永世中立論を田畑忍の説に即して考察する。第一章は、それらの前提として、永世中立論の意義や現代永世中立国の安全保障政策を検討する。

次に、「平和憲法と国際的および地域的安全保障」と題する第二部は、①自衛隊海外派兵などに関する国際的安全保障論の問題を、平和憲法の観点から検討する部分と、②北東アジアにかかわる地域的安全保障や日本国内の自治体にかかわる地域的安全保障の問題を、平和憲法の観点から検討する部分から構成されているが、①に関する個所は、第四章と第五章である。②に関する個所は、第六章、第七章、第八章である。いずれの論文も、政府や自治体の現実的な安全保障や平和政策の問題点を批判するだけでなく、代替的な平和政策の提言を試みている。

要するに、本書は、日本の平和憲法と永世中立の原理を活かして、これまでの安全保障（概念、制度、政策）を脱構築し、新たな平和創造を試みるものである。本書が『平和憲法と永世中立——安全保障の脱構築と平和創造——』というタイトルをつけているのは、このような趣旨からである。

本書の論文のいくつかは、自衛隊海外派兵関係の論文などを除くと、憲法や国際法などの研究者がほとんど論及していないテーマを扱っているだけに、読者の批判的な論評を乞いたいと思っている。

なお、各章の元になっている初出論文一覧は次の通りである。

【初出論文一覧】

はしがき　書き下ろし

第一章　「『永世中立』構想による安全保障政策」（深瀬忠一ほか編『平和憲法の確保と新生』北海道大学出版会、二〇〇八年一二月）

「非武装永世中立の理念を内包する憲法九条の世界化をめざして」（『法と民主主義』二〇〇八年五月号

第二章　「コスタリカの憲法と平和主義——歴史と概要」（『大阪経済法科大学法学論集』六九号、二〇一一年三月）

第三章　「田畑忍博士の憲法九条世界化論および非武装永世中立論——その特色と今日的意義」（『大阪経済法科大学法学研究所紀要』四二号、二〇〇八年三月）

第四章　「国際社会への『貢献』と平和主義——自衛隊海外派兵と憲法九条改正のための『国際貢献論』の検討」（『法律時報』二〇〇七年七月号）

第五章　「新たな自衛隊海外派兵法制定の動向――海賊対処法と恒久派兵法案の検討」（『大阪経済法科大学法学論集』六八号、二〇一〇年三月）

「最近の改憲動向と恒久派兵法」（『社会評論』一五四号、二〇〇八年七月）

第六章　「北東アジアの安全保障と日本の平和憲法」（藤本和貴夫・宋在穆編『21世紀の東アジア――平和・安定・共生』大阪経済法科大学出版部、二〇一〇年三月）

第七章　「国際安全保障における自治体平和政策の意義と再検討」（大津浩編『地方自治の憲法理論の新展開』敬文堂、二〇一一年四月）

第八章　「武力紛争の際の文化財保護条約（ハーグ条約）とその国内的活用――日本国憲法九条に基づく非戦・非武装地域実現のために」（『大阪経済法科大学法学研究所紀要』四一号、二〇〇七年三月）

最後に、本書の出版にあたり、法律文化社の小西英央さんにお世話になり、感謝申し上げる次第である。
また、本書の出版は、大阪経済法科大学の経法学会からの出版助成金による刊行であることを付記しておく。

二〇一一年一一月三〇日

澤野　義一

目次

第二部　平和憲法と国際的および地域的安全保障

第一部　平和憲法と永世中立

第一章　永世中立国の現代的形態と安全保障政策

――永世中立の現代的意義と課題――

一　はじめに

日本国憲法の非戦・非武装平和主義（とくに憲法九条）の理念が、自衛隊の軍事力の拡大強化や海外派兵（インド洋やイラクなどへの派兵）、有事法制の制定などによって形骸化されてきており、さらには、このような動向を憲法九条の改正によって正当化しようという論調が顕著になってきた背景の一つには、日米安保条約に基づく日米安保体制の拡大強化がある。したがって、日米安保体制ないし日米軍事同盟に代わる安全保障を指向することが、憲法九条の理念の形骸化を阻止し、その理念を生かす条件をつくっていく重要な契機になると考えられる。

さて、軍事同盟による安全保障の代替措置として、「永世中立」「中立主義」「非同盟」などの中立政策があるが、憲法九条との関係で中立政策の意義を考えるとすれば、中立政策を国際政治的な観点からだけでなく、国際法や憲法の法的な観点からも考察する必要がある。このような問題関心から、本章では「永世中立」の観点からみた中立政策や安全保障の態様や課題を検討する。

日本では戦後当初から、憲法九条の平和主義に適合的な安全保障として、永世中立や非武装（永世）中立論が必ずしも多数の支持をえられたわけではないが、平和憲法を擁護し生かす観点から提案されてきた。

確かに、冷戦後は永世中立（論）に対する否定論が従来にもまして顕著になっているし、日米安保体制に批判的であっても、永世中立を積極的に提案する論者もあまりみられない。また、スイスやオーストリアなどのような伝統的な永世中立国においても、永世中立への見直し論が以前よりは活発になっている。しかし、永世中立（論）が今日その存在意義を失ったものと判断すべきなのであろうか。

現実的にみても、冷戦後、伝統的な永世中立国だけでなく、スウェーデン、フィンランド、アイルランドといった北欧の中立主義国も中立（武装中立）政策を放棄していない。また、カンボジアやトルクメニスタンなどのように、憲法で「非同盟・永世中立」や「永世中立」を明記する国も登場している。さらに、「中米のスイス」といわれるコスタリカの非武装永世中立が、新しいタイプの永世中立として徐々に注目されるようになっている。

日本においては憲法九条がある関係で、コスタリカの「非武装永世中立」が最も参考となると思われるが、コスタリカの永世中立を含め、現代的な永世中立の研究は、国際法学や国際政治学あるいは憲法学の分野ではほとんど行われていない。国際法の教科書類の永世中立関係の説明文からも、一九八〇年代以降とりわけ冷戦後の現代的な永世中立に関する基本的な知識は知ることができない状況にある。(1)

このような点も考慮して、本章においては、現代世界における永世中立（国）の意義、形態、安全保障政策などの概況を考察し、日本における課題についても提言することが目的である。

二　永世中立の意義と諸形態

1　永世中立の意義

中立政策は、平時から軍事同盟を締結せず、外国の軍事基地も設置せず、第三国間に武力紛争（戦争）が発生した場合には中立（戦時中立）の立場に立つことが、自国の安全ないし地域的安全保障を含む国際平和に寄与すると考える場合にとられる。このような中立政策をとることが国際法的に承認され、義務づけられている場合は「永世中立」と称される。それに対し、中立政策が国際法的には義務づけられていないが、外交政策として、いわば国是として遂行される場合は、「中立主義」とか「非同盟」（「非同盟中立」）と称される。

換言すれば、永世中立と中立主義ないし非同盟は、中立政策を重視することについては理念的には共通している。しかし、中立主義ないし非同盟は、国際法的に義務づけられるものではないので、自国の都合で放棄することもありうる。とりわけ非同盟諸国の場合は、相互援助や連帯を重視することで、中立よりも国際協調を重視する傾向がある。集団的自衛権との関連でいえば、その権限行使は政治的には抑制されるべきものとされても、法的には原則禁止されていないから、非同盟国間の軍事協定締結や派兵も可能である。他方、中立を法的に厳守しなければならない永世中立の場合は、集団的自衛権の行使は許されないが、国際紛争解決において国際協調の点で、消極的であるとの批判がなされることもある。このような観点からは、国際連帯や国際協調の側面を重視する「非同盟」をむしろ評価する立場もみられる。(2)

「非同盟」といえば、一般的には、冷戦体制下で途上国を中心に組織された非同盟諸国の中立政策を想起するが、冷戦後は、伝統的永世中立国や北欧の中立主義国においても、冷戦下で使用されてきた「中立（主義）」よりも、「非同盟」の表現が使われる傾向もみられる。もっとも、それは、非同盟運動で使われてきた意味とは必ずしも同じではないが、ヨーロッパにおける軍縮や人道支援などの非軍事的な活動に国際協力するだけでなく、軍事同盟には加盟しないが、EUやNATOの軍事的活動への緩やかな国際協力を行うことを正当化するためのものといえよう。二〇〇二年にスウェーデン政府は、「自国の周辺地域において紛争が起きたさい、中立が維持できるように、（平時に）軍事同盟に参加しない」「軍事的非同盟」を安全保障政策として公式に表明したが、それは、上記のような冷戦後の国際協力を重視することによる中立政策の一定の変容を反映している。(3)

また近年、このような中立政策を伝統的な永世中立国政府も容認しつつあるが、そこには、伝統的な永世中立を柔軟に解釈し、「非同盟」的に理解する傾向がみられる。しかし、例えばオーストリアでは、そのような理解は、EU軍参加やNATO加盟につながり、永世中立（憲法）の形骸化になるとの批判が、永世中立を厳格に擁護すべきだとする立場から出されている（本章四の3も参照）。(4)その点では、冷戦後、非同盟諸国の中から、中立をより厳守する意図から、非同盟を永世中立的に位置づける国（非同盟型永世中立）が登場していることは注目される。冷戦後、永世中立国も含め、中立国は減少するという主張（極端なものは中立国消滅論）がみられたが、実際はそうではなく、むしろ永世中立を指向する国家（形態は異なる）が増加しているのである。(5)

なお、近年、外国軍事基地設置を禁止する憲法が登場し注目できるが、軍事同盟締結を禁止するには至っていない（フィリピン、エクアドル、ボリビア）。例えば非同盟加盟国のフィリピンは、一九九二年に米軍基地を撤去させたが、軍事同盟の米比相互援助条約を依然として締結しており、中国海軍などを警戒し、一九九八年には「訪問米軍地位協定」、二〇〇二年には「米比相互補給支援協定」を締結している。これは、永世中立の観点からみると、外国軍事基地設置の禁止だけ（一九八七年フィリピン憲法第一八条第二五節）では、中立政策が不徹底なことを意味する。

それはともかく、世界の各地域で永世中立国が増加していくことは、軍事同盟のない地域を拡大していくことにより、地域の安全と平和を維持することに寄与することになる。それは、国連の集団的安全保障の理念にも合致する地域的安全保障の一形態とみることもできる。欧州におけるスイスやオーストリア、中米におけるコスタリカ、アジアにおけるカンボジアやトルクメニスタンなどが、それぞれの地域で、いま以上に、手本となる積極的な平和政策を展開し、さらに中立諸国の協力が世界的に拡大するならば、中立地帯の形成も展望できる。朝鮮半島や日本が位置する北東アジアの中立問題を考えるさいには、このような視点からもなされる必要があろう（さらに後述）。

2　永世中立の諸形態

冷戦崩壊以前から存在している現代の永世中立国としては、古い順であげると、スイス（一八一五年）、リヒテンシュタイン（一八六八年）、ヴァチカン（一九二九年）、オーストリア（一九五五年）、マルタ（一九八一年）、コスタリカ（一九八三年）があるが、冷戦後登場した永世中立国として、カンボジア（一九九三年）、モルドヴァ（一九九四年）、トルクメニスタン（一九九五年）がある。

これらの永世中立国については、ここでの筆者の問題関心から、以下のように分類しておきたい[6]。

(1)　国際法上の永世中立

通常、永世中立といえば、国際法的に承認された永世中立を指すが、その承認方式には三つのタイプがある。第一は、地域的国際会議や多数国間条約に基づくもので、スイス、ヴァチカン、マルタ、カンボジアがその例である。第二は、国家の一方的な中立宣言と他国の明示ないし黙示の承認に基づくもので、オーストリアが代表例である。リヒテンシュタインやコスタリカも、このタイプに入る。なお、コスタリカのように、必ずしも他国の承認を求めない一方的宣言による永世中立については、政治的「中立主義」ないし「事実上の永世中立」とみる説も有力である（本章三の4参照）。第三は、国連によって承認される永世中立であるが、その史上初の例はトルクメニスタンである。

これらの国際法上の永世中立国のうちで、憲法では「永世中立」や「中立」規定をもたないのは、ヴァチカン、リヒテンシュタイン、コスタリカである。

なお、スウェーデンについては、フィンランドとアイルランドとともに、第二次世界大戦後、北欧の中立国として中立政策（中立主義）をとっているが、スイスと同じくらい古くから中立政策を実行し、慣習化しているので、「事実上の永世中立国」といわれることもある。

(2)　憲法上の永世中立

憲法上の永世中立は、第一に、国内法である憲法で「永世中立」を明記している場合であり、オーストリア、カンボジア、モルドヴァ、トルクメニスタンがその例である。この中で、カンボジアの場合は、永世中立だけでなく「非同盟」についても規定しているのが特徴的である（非同盟型永世中立）。第二は、スイスのように、憲法（新憲法は一九九九年制定）では「中立」としか規定していないが、その内容は歴史的実績からして永世中立を意味する。マルタの場合は、憲法（一九八七年）で「中立国」と「非同盟」を規定しているにすぎないが、多数国間により承認（一九八一年）された永世中立国といえる。なお、ベラルーシは、憲法（一九九四年）で「中立の地位」を明記しているが、中立の内容が不明確であり、対外的な永世中立宣言もなされていないため、モルドヴァ（一九九四年憲法は「永世中立」規定をもつ）と同様、国際法的には永世中立国として認められていない。

第三に、憲法には中立に関する明文規定はないが、戦争放棄や非武装規定に基づく安全保障政策について、憲法解釈として「永世中立」が要請されるという見解もある。この説は、コスタリカや日本の非武装平和憲法の解釈でみられる。外国の学者の中には、憲法九条を「事実上の永世中立」規定とみる説もある（本章五参照）。

(3)　その他の永世中立の形態

①永世中立の内容として、オーストリアのような伝統的な純粋型永世中立と、非同盟運動にも加盟参加するカンボジアなどの非同盟型永世中立が区分できるが、それぞれの運用実態などについて

は検討が必要である。②スイスは集団的安全保障と永世中立の両立問題で国連に加盟していなかったが、二〇〇二年に国連に加盟したことにより、すべての永世中立国が国連に加盟することになった。しかし、集団的安全保障と永世中立の両立問題は具体的な政策をめぐって、あるいは永世中立の核心は何か（軍事的非協力を厳守するか否か）をめぐって依然争点になっている。③永世中立と武装の有無について、伝統的には武装永世中立が一般的であったが、コスタリカのような非武装永世中立（歴史的にはリヒテンシュタインが最初）も市民権をえるようになり、永世中立は軍備保有国でなければならないという従前の有力説は根拠を失ったといえる。

三　特徴的な現代永世中立国の形態

上述した永世中立の諸形態の中から、世界や日本において、今後も、理論的にも実践的にも参考となりうる重要な事例を取り上げ、具体的に紹介することにする。なお、ここで扱うのは、永世中立の憲法や国際法的論拠および政治経済的指向や武装のあり方の特徴からみた形態であり、具体的な安全保障政策については次節で考察する。ここで言及するオーストリアは、対外に向かって一方的に永世中立を宣言し、承諾を求める「宣言型永世中立」の例として、また永世中立の内容を憲法規定として定めている端緒的モデルとして取り上げる。カンボジアは、スイスやオーストリアのような伝統的永世中立と異なる政治経済的指向をもつ「非同盟型永世中立」の例として取り上げる。トルクメニスタンは、全世界から支持された「国連承認型永世中立」の例として取り上げる。なお、同国は、非同盟諸国の正式加盟国（一九九五年一〇月）でもあるため、「非同盟型永世中立」に分類することもできよう。コスタリカは、伝統的な武装永世中立と異なる「非武装型永世中立」の例として取り上げるが、同時に、オーストリアとは異なる新たな「宣言型永世中立」のモデルとしても注目される。

1　オーストリアの宣言型永世中立

オーストリアは、第二次世界大戦敗北による連合国の四カ国（アメリカ、ソビエト、イギリス、フランス）占領から解放され独立するにあたり、永世中立国を指向した（その端緒は、ソビエトとオーストリア代表が合意した一九五五年五月一五日のモスクワ覚書にみられる）。オーストリアの永世中立は、まずは、憲法典ではないが憲法的性格をもつ特別な「永世中立に関する憲法法律」で規定された（一九五五年一〇月二六日）。その第一条は、「①オーストリアは、対外的独立を永続的に維持するため、および自国領域の不可侵のために、自由意思により永世中立を宣言する。オーストリアは、この永世中立をあらゆる可能な手段により擁護し、防衛する。②オーストリアは、将来にわたり、この目的を確保するため、いかなる軍事同盟にも参加せず、また自国領域内に外国の軍事基地の設置を認めない。」と定めている。

その後の一九五五年一一月一四日、オーストリア政府は、外交関係を有する当時のすべての国にこのオーストリアの永世中立の承認を求め、「永世中立に関する憲法法律」を通知した。それに対し、明示的な承認ないし異議のない承認をえたことで、オーストリアは国際法的にも永世中立の地位を有するに至ったといえる。なお、日本政府は同年一一月一六日、オーストリアの永世中立を承認する通知をしている。

上記の「憲法法律」とは別に、永世中立が憲法典にも規定されるのは一九七五年であり、憲法第九a条において、「①オーストリアは、綜合的国防方針を表明する。その任務は、対外的独立ならびに連邦領域の不可侵と統一を維持すること、特に永世中立を維持し防衛することである。（以下略）」と規定された。オーストリアには、永世中立

を維持するための刑法（中立危険罪）や戦争物資輸出入法などの国内法令も制定されている。(7)

2　カンボジアの非同盟型永世中立

カンボジアは、約九年にわたる内戦を終結し、平和を回復して統一的な独立国家を構築する一環として、非同盟加盟国でありつつ、永世中立を指向した。その方針は、まずは一九九一年一〇月二三日のカンボジア問題・パリ会議の協定で、憲法制定のさいに規定されるべきことが合意された。この点において、カンボジアの永世中立は国際法的性格を有している。そして、国連カンボジア暫定統治機構（ＡＮＴＡＣ）の支援の下で制定された憲法（一九九三年九月二一日）で、永世中立が明記された。(8)

当該カンボジア憲法では、まず、第一条二項で「カンボジア王国は、独立、主権、平和、永世中立かつ非同盟の国である。」と規定し、その具体的内容は、同五三条で規定している。すなわち、「①カンボジア王国は、永世中立かつ非同盟の政策を採用する。カンボジア王国は、近隣諸国およびその他のあらゆる国々との平和的共存政策を追求する。②カンボジア王国は、直接、間接を問わず、他国への侵略も、他国の内政干渉も行わず、相互の利益を正当に考慮して、いかなる問題も平和的に解決する。③カンボジア王国は、その中立政策に一致しないいかなる軍事同盟もしくは軍事協定にも加盟しない。④カンボジア王国は、自国領土内にいかなる外国の軍事基地の設置も認めず、また自国の軍事基地を外国に設置しない。但し、国際連合の要請の範囲内においては別である。」と。また、同五五条は、「カンボジア王国の独立、主権、領土保全、中立および民族統一に一致しないいかなる条約および協定も効力を有しない。」と規定している。

この憲法制定に先立つカンボジア問題・パリ会議で合意された協定で、中立に関して言及しているのは、「カンボジア紛争の包括的な政治解決に関する協定」と「カンボジアの主権、独立、領土保全、および不可侵、中立ならびに国家統一に関する協定」である。(9)

前者の協定では、オーストリア、ブルネイ・ダルサラーム、カンボジア、カナダ、中国、フランス、インド、インドネシア、日本、ラオス、マレイシア、フィリピン、シンガポール、タイ、ソビエト、イギリス、アメリカ、ベトナム、ユーゴスラビアの一九参加国の下で、「カンボジアは、その主権、独立、領土保全、および不可侵、中立ならびに国家統一を維持し、保持し、および防衛することを約束し、また、他の署名国は、これらを承認しおよび尊重することを約束する。」と定めている（第一八条）。さらに、この協定の「附属書五：カンボジアの新たな憲法の諸原則」では、「憲法は、カンボジアの主権国家ならびに独立および中立国家としての地位ならびにカンボジア国民の国家統一を宣言する。」ものとされている。

後者の協定にも同様の規定がみられるが、その第一条では、「①カンボジアは、その主権、独立、領土保全、および不可侵、中立ならびに国家統一を維持し、保持し、および防衛することを厳粛に約束する。カンボジアの永世中立は、自由かつ公正な選挙の後に採択されるカンボジア憲法において、宣言し、およびうたう。」と規定したうえで、「②その目的のために、カンボジアは、(a)他国の主権、独立ならびに領土保全および不可侵を害する恐れのあるいかなる行動も慎むこと、(b)自国の中立に反するいかなる軍事同盟または軍事協定も他国と締結することを慎むこと」などを約束している。

3　トルクメニスタンの国連承認型永世中立

トルクメニスタンは、ソビエト連邦から独立した後、出席した様々な国際会議の場で永世中立国になることを公言し、最終的には国連総会において満場一致で承認され、国際法上の永世中立の地位をえた。その後直ちに、憲法でも永世中立の正当化をはかっている。(10)

一九九五年一二月一二日の国連総会は、次のように決議している。(11)「国連総会は、……トルクメニスタンがその永世中立の地位について立法的に承認することを歓迎し、また、地域の国々とその他の世界の国々との間で進展する平和的で、友好的な互恵関係の中で、トルクメニスタンが能動的、積極的な役割を果たそうとする希望を歓迎し、トルクメニスタンの永世中立の地位が地域の平和と安全を強固にすることに寄与することに望みを託し、トルクメニスタンの永世中立の地位が非同盟諸国の運動および経済協力機構（ＥＣＯ）によって支持されていることに留意し、トルクメニスタンが永世中立の地位に立脚することが憲章上の義務履行に影響を及ぼすものではなく、国連の目的の達成に寄与することを確認し、1　トルクメニスタンが宣言した永世中立の地位を承認し、支持する。2　トルクメニスタンの永世中立の地位を尊重し、支持すること、かつトルクメニスタンの独立、主権、領土保全を尊重するよう、国連加盟国に要請する。」

この国連総会決議を受けて、同年一二月二七日、「トルクメニスタンの永世中立のための政治的、経済的、人道的基本方針」を定める準憲法的法律である「トルクメニスタンの永世中立に関する憲法法律」（全一二カ条）が制定された。(12)そこでは、例えば次のような事項が規定されている。

第一条「トルクメニスタンは、主権国家の不可欠な権利を実現する範囲内で、永世中立を自由意思により宣言し、支持し、一貫して実践する。トルクメニスタンの永世中立は、社会の安定と同意を強固なものにし、近隣ならびに全世界の国々との友好な互恵関係を発展させることを目的とする内外政策の基礎である。」

第二条「トルクメニスタンによる永世中立の地位の受け入れは、国連の規定から生ずるトルクメニスタンの義務履行に影響を及ぼすものではない。トルクメニスタンは、あらゆる可能な方法で、国連の目的を達成することに努める。トルクメニスタンは、国連の組織と決定の優位性を認める。」

第三条「トルクメニスタンは、平和的な外交政策を探求し、他国との関係を、権利の平等、相互尊重、内政不干渉の原則に基づいて取り結ぶ。」

第四条「トルクメニスタンは、当事者に強固な義務を負わせ、共同責任を生じさせる、戦争の連合や同盟、国家間の機構に参加しない。トルクメニスタンの外交政策の活動は、他国の利益を侵害しないし、その安全に脅威を与えるものでもない。」

第五条「トルクメニスタンは、戦争と戦時紛争を起こさないこと、またそれに参加しないこと（自衛権行使の場合を除く）、さらに戦争ないし戦時紛争に至るような政治的、外交的あるいはその他の措置をとらないことを決意する。トルクメニスタンに対する武力攻撃があった場合には、他国ないし国連に援助を求める権利がある。」

第六条「トルクメニスタンは、核兵器、化学兵器、生物兵器、その他の大量破壊兵器を保有、製造、配備しない。また、外国の軍事基地を設置しない。」

第七条「トルクメニスタンは、国際経済協力については、権利の平等と相互尊重に基づき、かつ協力関係にある当事者の利害を説明しつつ発展させる。また、国と地域間の信頼を強化し、かつ平和と安定を維持する重要な手段として考慮する。」

上記の「憲法法律」制定と同時に、憲法（典）にも永世中立に関する規定を導入する憲法改正が行われた。一九九五年一二月以降に数回の憲法改正が行われているが、最近の現行憲法（二〇〇八年九月二六日）によれば、次のような規定になっている。

前文「われわれは、……トルクメニスタンの独立、主権、永世中立の地位を強固にする目的をもって、この憲法を採択する。」

第一条「トルクメニスタンは、法律［憲法法律］に基づいた永世中立の地位にある。国連は、トルクメニスタンの永世中立に関する一九九五年一二月一二日の総会決議において、『1　トルクメニスタンが宣言した永世中立の地位を承認し、支持している。2　トルクメニスタンの永世中立の地位を尊重し、支持すること、かつトルクメニスタンの独立、主権、領土保全を尊重するよう、国連加盟国に要請している。』国際社会から承認されたトルクメニスタンの永世中立は、トルクメニスタンの内政と外交政策の基礎である。」

第六条「トルクメニスタンは、世界的な共同体の完全な一員として、永世中立、他国の内政不干渉、武力行使や軍事ブロック・同盟への参加禁止といった外交政策を遂行し、地域の国々と全世界の国々との平和的で友好な互恵関係を促進する。」

4　コスタリカの非武装型永世中立

コスタリカは、一九八〇年代初頭に激化した、隣国ニカラグアの左翼政府に対するアメリカの軍事干渉によるニカラグア内戦にともない、コスタリカ領土がニカラグアの反政府ゲリラ（コントラ）に利用されることを阻止する必要性から、一九八三年一一月一七日、対外的に永世中立を宣言した。その永世中立宣言は、現行の一九四九年憲法（第一二条）の非武装主義を踏まえた「非武装永世中立」であること、また、外国の明示的な承諾を求めるものではない一方的通知であることに特色がある。さらに、同国憲法には、中立に関する明文規定はない。これらの点はいずれも、オーストリア、カンボジア、トルクメニスタンなどの上述の永世中立とは異なるため、コスタリカの永世中立の性格については、世界的にみる限り、必ずしも一致した理解にはなっていない。しかし、後述するように、コスタリカの「非武装永世中立」は、単なる政治的な中立主義ではなく、国際法的性格を有するものである。(13)

さて、当該「非武装永世中立」宣言は、正式には、「永世的、積極的、非武装的中立に関する大統領宣言」(以下、「中立宣言」と略記(14))というものであるが、その末尾文に「(B)コスタリカ共和国政府が、国際法の諸原則に従い、永世的、積極的、非武装的中立宣言に伴う諸義務を遵守すると同時に、他国にも遵守してもらうよう決意していることを、私は宣言し、(C)……コスタリカが外交関係を有するすべての国家に対し、この宣言が通知されることを決定する。」と記されている。

この宣言文で遵守するとされている永世中立国の具体的義務については、同宣言文中の①「中立の義務」という項目では、「戦争を絶対に開始しない義務、武力の行使、威嚇あるいは軍事的報復をしない義務、第三国間の戦争に参加しない義務、……軍事紛争に現実的にあるいは外見的にも巻き込まれないように、中立に基づく外交を追求する義務である。」と書かれている。また、②「中立の信頼強化」の項目では、コスタリカ領域が紛争当事者の軍事作戦基地として使用されることを阻止するためにとられるべき義務として、「紛争状態にある当事者に対するあらゆる支持と援助を禁ずる義務、軍隊や弾薬あるいは補給部隊輸送のわが国領土通過を容認しない義務、交戦当事者のために戦闘部隊を編成することや徴募用事務所を開設することを阻止する義務……」などが列記されている。

以上のことから、当該中立宣言は、国際社会に向けて、コスタリカが国際法的な性格をもつ永世中立国になることを告知したものといえる。①は永世中立国が平時から遵守すべき義務、②は戦時において遵守すべき義務に相当する。

この中立宣言に対し、スペインの首相などは「支持」を、フランスのミッテラン大統領は「歓迎」を表明した。

アルゼンチン、パナマ、ニカラグアなどの大統領は、「我々は、コスタリカの積極的で効果的な中立に制度的な枠組みを与えようとしているコスタリカ政府の努力に対して、賛成を表明する。そして、コスタリカ政府が引き続き、中米の平和に貢献するために努力するであろうと考える。」という内容の宣言に署名している。国連事務総長のデ・クエヤルなどは、「中立宣言」の意義を評価する文書ないし見解を出している。

しかし、外国に対し永世中立の承認を求めるコスタリカ側の意思および被通知国側の承認意思が不明確であるとして、コスタリカの永世中立を、オーストリアのような国際法的性格（拘束力）を有する永世中立ではなく、スウェーデンのような中立主義的ないし「事実上の」永世中立とみる見解も有力である。

このような見解に対し、対外的に拘束される意思をもってなされた国家の行う一方的行為（宣言）については、他国の明確な承諾がなくとも、一定期間内に明示的な異論がない限り、黙示の承認があったものとみなし、信義誠実の原則により、国際法的拘束力が生ずることがあるという見解に基づき、コスタリカの永世中立宣言の国際法的性格を認める説もある。(15) この説は、後述のように、コスタリカの政府や最高裁憲法法廷でも採用されている。

以上の問題は永世中立の承認方式に関する論点であるが、それ以外の論点もある。

その第一は、コスタリカは、リオ条約という軍事同盟機構に加盟しているから永世中立とはいえないという批判である。しかし、この点については、リオ条約とリンクしている米州機構（憲章）との関連でみる必要があり、批判論には賛成できない。米州機構はリオ条約を取り込んでいるが、国連の集団的安全保障の地域的制度（憲章第八章）であり、集団的自衛権に基づく純然な軍事同盟とは異なる。また、リオ条約は、ＮＡＴＯなどとは異なり、自動的に派兵義務を負う軍事同盟ではないことに留意する必要がある。結局、集団的自衛権制度を内包している集団的安全保障としての国連に、オーストリアなどの永世中立国が加盟していることが問題ないのと同様、リオ条約を内包する米州機構にコスタリカが加盟していることは問題がない。現実的にも、コスタリカはリオ条約加盟にあたり、軍隊の派遣をしないことが了承されている。[16]

第二の論点は、コスタリカの中立宣言は政府・大統領によるものであり、当時において議会の同意をえていないから、国際法的な効力がないという批判である。しかし、条約締結に関する国内法的な手続き上の問題点があったとしても、原則的には条約は対外的には有効であり（一九六九年「条約法に関するウィーン条約」[17]）、対外的に条約の無効が通告されない限り条約が有効なものとして存続するという法理論に照らせば、[18]コスタリカが国家として、中立宣言を無効とせず、むしろ積極的に遵守し、実践しようとしている点からみて、上記の批判論には疑問がある。

第三の論点は、永世中立は軍備保有国でないと中立国の資格がないという批判である。しかし近年では、非武装と永世中立は両立しうるという学説が一般的であるので、これについての論及は割愛する。[19]

最後に、コスタリカの永世中立と憲法との関係についてであるが、コスタリカ憲法には中立に関する規定はない。しかし、中立宣言に基づく持続的な中立政策の実行によって、中立宣言文は、国内的にも遵守すべき法規範的性格をもつに至っていると解される。イラク戦争でアメリカ政府を支持したコスタリカ政府の行為について、コスタリカ憲法や国際法に違反するとした同国の最高裁憲法法廷判決（二〇〇四年九月八日）は、中立宣言の内容がコスタリカの非武装平和憲法の規範的価値として、政府の行為を審査する法的に有効な憲法解釈基準になると述べている。[20]また、公式な中立宣言の二日前に作成された類似の「コスタリカ国民および国際社会に向けての共和国大統領のコミュニケ」（一九八三年一一月一五日）[21]には、政府の永世中立宣言の決定により、「憲法第一二条［非軍備規定］の自然的な発展と我々が考えるこの［中立］原則が、憲法で明示的に取り入れられて、永世的な状態になるように努力することを、我々は約束する。」と述べている。その後間もなく、「中立の共和国」や「中立は、……永世的、積極

的、非武装的である」といった規定を憲法に導入する憲法改正案も提示されたが実現されていない。(22)

ここで注目すべきことは、非武装主義憲法の発展的内容として、永世中立が位置づけられている点である。これは、コスタリカ憲法より非武装主義が徹底している日本の憲法九条と永世中立の関係を考えるさいに参考に値しよう。

四　永世中立国の安全保障政策の展開と問題状況——西欧の永世中立国を中心に——

永世中立は、国際的な平和と安全保障に寄与するものとして、今日ではほぼ異論なく、国連からも承認されるに至っているが、基本的には地域的な安全保障の一形態である。したがって、欧州におけるスイスやオーストリア、中米におけるコスタリカ、アジアにおけるカンボジアやトルクメニスタンなどは、それぞれが位置する地域ごとに、永世中立国となった歴史的経緯や直面する政治経済的状況が異なるため、取り組むべき安全保障政策の課題も同じものばかりではない。しかし、グローバル化する現代国際社会においては、永世中立国に共通するような安全保障の課題もみられる。例えば、世界的な規模のものとしては、国連の集団的安全保障に対する協力問題がある。欧州の永世中立国においてはＥＵ（欧州連合）との関係、中米のコスタリカでは米州機構やリオ条約との関係、中央アジアにおけるトルクメニスタンはＣＩＳ（独立国家共同体）との関係、カンボジアはアセアン共同体との関係において、安全保障協力が問題となってきている。また、ＥＵやＣＩＳにおいては、冷戦後も持続してグローバルに展開するＮＡＴＯとの協力関係も問題となっている。その他、永世中立国と非同盟諸国会議・運動との関係なども問題となってきた。

ここでは、これらの諸問題すべてに論及できないので、西欧永世中立国の安全保障政策を中心に紹介する。中米のコスタリカについては、別章で考察する。アジアの永世中立国については、本節の終わりで簡単に言及するにとどめる。西欧永世中立国を中心に紹介するのは、冷戦の崩壊以前と以降にわたって中立政策の展開と課題をみることができるだけでなく、そこで直面している問題が、冷戦後登場した永世中立国でも問題になっているからである。例えば、NATOとの緩やかな連携で行う安全保障協力の問題や、永世中立と非同盟の関係をどう認識するのかの問題などである。

なお、以下で考察する西欧永世中立国の安全保障は、ヨーロッパにおける安全保障協力、とりわけ他の中立諸国（北欧中立主義国や非同盟諸国）との協力による安全保障の側面からみた政策を取り上げる。(23)

1　冷戦時代の西欧永世中立国の安全保障政策

(1)　国連に対する安全保障協力

(a)　PKO協力　国連平和維持活動は、中立性を原則にしている関係で、中立国家にふさわしい国際貢献活動とみなされてきた。北欧中立国としてはフィンランドとスウェーデンが、NATO加盟国のデンマークおよびノルウェーとともに、正規軍とは別のもっぱらPKOのために志願者で組織される国連待機軍の設置に合意し（一九六三年）、活動している。オーストリアも北欧待機軍をモデルに制定されたPKO部隊海外派遣法（一九六五年）に基づいて、多くの様々なPKOに参加している。スイスは国連非加盟であったが、早くから文民的なPKO活動を中心に参加している。

(b)　軍　縮　国連における軍縮は、非同盟諸国が推進役になり、一連の軍縮会議の交渉の場で、米ソの歩みよりをもたらすなど、大きな影響を与えたが、この交渉過程で注目されるのが、スウェーデンやオーストリアなどが非同盟諸国と共同歩調をとったことである。これは、永世中立国と北欧型中立主義国がともに、非同盟会議に「ゲスト」（発言しないオブザーバー）参加するようになったことと関連している。一九七三年の第四回アルジェ首脳会議には、オーストリア、フィンランド、スウェーデンが初参加し、一九七六年の第五回コロンボ首脳会議にはスイスも参加するようになった。さらに、一九七八年の国連軍縮特別総会（ＳＳＤ・Ｉ）開催のきっかけを作ったのも、これらの非同盟・中立諸国であったし（コロンボ首脳会議で提案）、一九八二年のＳＳＤ・Ⅱ開催のための国連軍縮会議（ＣＤ）を通じての議題の準備において共同歩調をとったのも、非同盟・中立諸国であった。

(2)　国連外での安全保障協力

(a)　軍　縮　地域的な軍縮に関しては、一九八四年ストックホルムで開かれた欧州軍縮会議（ＣＤＥ）がある。この会議には、ＮＡＴＯ、ＷＴＯおよびヨーロッパの中立・非同盟諸国から三五カ国が参加したが、スウェーデン、フィンランド、オーストリア、スイスが調整役を果たした。

(b)　欧州安全保障協力会議（ＣＳＣＥ）　欧州軍縮会議とは別の地域的な会議として、ＣＳＣＥ（一九七二年以降）がある。この会議は上記の欧州軍縮会議の開催方針を出したり、欧州の人権問題に取り組んだりしてきたが、この会議の主役を果たしたのは、中立国と非同盟国のいわゆるＮ・Ｎグループ九カ国、すなわち、キプロス、リヒテンシュタイン、マルタ、サンマリーノ、オーストリア、フィンランド、スウェーデン、スイス、ユーゴスラビアであった。その中でも、最後の五カ国が中心的役割を果たしたといわれている。

2 冷戦後の西欧永世中立国の安全保障政策

(1) 国連に対する安全保障協力

(a) 国連の制裁への協力　集団的安全保障への協力であっても、中立国は軍事的な協力を基本的に行わないものとされている。冷戦後の例では、二〇〇三年に始まった米英を中心とするイラク戦争への軍事的協力（同年一〇月の国連安保理決議一五一一号は多国籍軍派遣の根拠を与えている）に関して、イラク戦争の正当性に疑問があることも関係しているが、永世中立国のスイスやオーストリア、ならびに北欧中立国は、中立維持の観点から行っていない。

なお、一九九一年の湾岸戦争のさいの多国籍軍の領空通過について、国連決議（加盟国に平和回復に必要なあらゆる手段をとる権限を付与する一九九〇年一一月の六七八号）に基づき、オーストリアは中立関連法を改正して許可したのに対し、スイスは許可しないという対応のちがいをみせた。それは、中立をより重視するスイスの姿勢の反映であるが、中立国でもないイランやヨルダンでも一時的に中立宣言して、当該国連決議に従わなかった（従う法的義務もなかった）ことからみると、オーストリア政府の対応には国内から批判が出て当然である。

それはともかく、二〇〇三年からのイラク戦争に関し、コスタリカの場合は、同国政府がイラク戦争でアメリカに軍事協力をしたわけではないが政治的支持を行ったことが、非武装憲法や永世中立に違反するとして、最高裁から当該政治的支持の撤回を命じられる形で、中立政策が回復された（二〇〇四年九月）。

(b) PKO協力　冷戦後のPKOについて、北欧中立国は待機軍制度を廃止ないし見直し、国連だけでなくOSCE（欧州安保協力機構）の要請に基づき参加できるようにした。オーストリアは、従来のPKO部隊海外派遣法を廃止し、国防計画の透明性や人道援助活動などを目的とするNATOとの緩やかな軍事的協力、いわゆる「平和のためのパートナーシップ」（PFP）の範囲にまでPKO派遣を可能にする連邦憲法法律を制定した（一九九七年）。

スイスでは、冷戦崩壊と湾岸危機・戦争がきっかけで、平和維持軍への武装部隊の派遣が政府から提案されたが、一九九四年六月の国民投票で拒否された。しかし、二〇〇一年六月の再度の国民投票で承認された。

(2) 国連外での安全保障協力

ＣＳＣＥ（欧州安保協力会議）は、一九九二年七月のヘルシンキ首脳会談で、国連憲章第八章の地域的安全保障機構として位置づけられるとともに、ＮＡＴＯ、ＥＣおよびＷＥＵ（西欧同盟）との連携を目指すことや、平和維持活動などの任務を付与されることが決定された。一九九三年一一月発効のマーストリヒト条約では、欧州連合（ＥＵ）は、その共通の防衛についてＷＥＵに対して検討と実施を要請できると規定された（第五編Ｊ・四条二）。これは、同条約を改定した一九九九年発効のアムステルダム条約においてもほぼ同様である。なお、ＷＥＵは、冷戦後（一九九二年六月のペータースベルク宣言）、加盟国の防衛政策の調整機関から軍事介入による紛争解決機関へ戦略転換をしたが、その役割は、二〇〇九年のリスボン条約によってＥＵに引き継がれ、活動を終了した（二〇一一年七月）。ＣＳＣＥについては、一九九四年一二月の首脳会議で、従来の会議体から紛争予防機構に発展させるため、ＯＳＣＥ（欧州安保協力機構）に改称された。

このようなことから、冷戦中にＣＳＣＥに参加し、一九九五年から、実質的に中立政策を維持する方針でＥＵに加盟した西欧中立諸国（オーストリア、スウェーデン、フィンランド。スイスは未加盟）は、「平和のためのパートナーシップ」（ＰＦＰ）をＮＡＴＯと調印することになった（アイルランドは早くからＥＣ・ＥＵ加盟国であるがＰＦＰに未調印）。

3　西欧永世中立国の安全保障政策の問題点と課題

西欧永世中立国は、他の中立諸国とともに、現在においても中立政策ないし軍事的非同盟の方針を基本的に維持している点で、また、国際平和に一定の貢献をしてきた点でも評価されよう。しかし、以上のような冷戦後の中立政策の変容については、次のような問題がある。

(a)　第一に、永世中立国および中立国（スイス、オーストリア、スウェーデン、フィンランド、アイルランドなど）においては、欧州連合ないし欧州憲法の想定する加盟国の軍事的協力の是非が論議されてきているが、欧州連合が中立国に選択の余地がない義務を負う軍事協力システムを指向するならば、中立との両立は困難となる。NATOとの軍事的協力についても賛否両論みられるが、現在は人道援助活動などを目的とする「平和のためのパートナーシップ」（PFP）レベルでの協力が行われている（アイルランドは別）。

しかし、このようなレベルの安全保障政策であれ、中立国政府が欧州連合やNATOと協力して推し進めることに対して、また、それがいずれは欧州軍やNATOに全面的に参加することになるとして、中立擁護論者から批判がみられる。オーストリアにおいては、上記の国連制裁決議への協力のための中立関連法の改正やPFP参加協力の一連の動向が、EU加盟にさいし、欧州連合の共通の外交と安全保障に参加するとした規定（第二三f条）を導入した憲法改正（一九九四年）によって正当化されるようになった、との批判が出されている。さらには、永世中立を形骸化する同憲法規定を廃止すべきだとの主張もなされている。(24)

(b)　第二に、スウェーデンのような伝統的中立主義国でも、伝統的な永世中立国でも、中立の意味を「非同盟」的に解する傾向がみられるが、それは、中立を柔軟に解釈することで、上述のような欧州の軍事的な安全保障にも参加できることを正当化するためのものといえる。中立国政府にも、そのような意図がみられる。しかし、それは、国際法的に厳格な「永世中立」を、集団的自衛権行使や軍事同盟も排除しない国際政治的な「非同盟」に矮小化し、いずれは「永世中立」放棄論に帰着する恐れがあり、問題である。「永世中立」を指向する非同盟国は現在はカンボジアやトルクメニスタンなど少数であり、多数の非同盟国は、米ソ対立が終結した冷戦後はとくに「中立」に対する関心が薄い。永世中立国が非同盟国との連帯や協力を重視したり、「非同盟」政策の評価できる点を取り入れたとしても、「永世中立」の本質を生かすものでなければならないであろう。

「永世中立」の積極的意義は、冷戦後も存続するＮＡＴＯのような軍事同盟に反対し、その代替的安全保障を指向する点にあることを見失ってはならない。永世中立国政府レベルでは、このような視点はもともと希薄であり、国際平和の創造という運動論的視点からみると消極的であるといわざるをえない。

(c)　第三に、ＰＫＯ（国連平和維持活動）については、冷戦後、中立国はあらゆる形のＰＫＯに参加するようになっているが、五大国が参加するＰＫＯや軍事的性格の強いＰＫＯなどに参加することが、中立の原則を重視すべき中立国にとって適切といえるのか検討の余地があろう。また、西欧中立国は武装中立を前提としているので、軍事的なＰＫＯ参加をとくに疑問視していないようであるが、非武装永世中立の場合においては、西欧中立国のような形でのＰＫＯに参加することは適切ではない。中立国の本来的な国際貢献は、非軍事的な仲介や人道的活動にこそ意義があると考えられる。

(d)　第四に、一部の武装中立国（スウェーデンやスイスなど）では、中立を軍事力で維持するという名目で、世界の軍事技術の発展に沿って、兵器の輸入を行い（兵器の輸出も行う）、軍事力の向上化がはかられている。それは、中立国のＮＡＴＯ協力の強化論や中立政策放棄論などとも結びついている。そこで、このような武装中立の限界から脱却するために、武装永世中立国のスイスやオーストリアなどでは、非武装永世中立を唱える主張や運動も行われている。その点では、「中米のスイス」といわれるコスタリカの非武装永世中が参考となりうる。[25]

4　アジアの永世中立国の安全保障政策

(1)　中央アジアのトルクメニスタンの場合

トルクメニスタンは、一九九五年一二月に国連総会決議で承認され、かつ同国の憲法でも規定された永世中立の方針や内容を遵守しようとしているように思われる。

同国は、ソビエト連邦から独立して以降、ＣＩＳにもＮＡＴＯにも加盟していなかったが、一九九四年から、ＮＡＴＯと緩やかに連携するＰＦＰに参加協力している。これは、欧州の中立諸国と同様である。他方、ＣＩＳとの関係では、二〇〇五年八月に準加盟国になっているが、同首脳会議において、ＣＩＳとの相互協力を進めるにあたり、軍事同盟的な関係をもたず、国連で承認されたトルクメニスタンの永世中立の地位が尊重されることが確認された。[26]また、非同盟運動との関係では、一九九五年一〇月コロンビアで開かれた非同盟首脳・政府会議において、トルクメニスタンは正式な加盟国となり、永世中立国になる意向も支持されている。なお、米英主導で始まった二〇〇一年からのアフガニスタン戦争では、アフガニスタンの人道支援では協力しつつも、永世中立堅持の立場から、多国籍軍に自国の基地使用を拒否している点などは注目できる。[27]その点は、憲法上では永世中立国である（国際法的には承認されていない）がイラク戦争でイラクに派兵し、永世中立が遵守されているのか疑わしいモルドヴァの対応とは異なる。

トルクメニスタンの永世中立政策は、ニヤゾフ大統領の権威主義的政権（一九九〇年〜二〇〇六年）の下で遂行され、当初は孤立主義的中立主義との評価もなされたが、ベルディムハメドフ現大統領政権は、永世中立を維持しつつ、国際社会との多面的な協力関係をつくろうとしている。しかし、軍隊の改革や安全保障について、ＮＡＴＯからの助言をえたり、ＰＦＰへの参加協力などで、ＮＡＴＯ寄りになっているようにも思われる。[28]

それはともかく、トルクメニスタンの永世中立は、権威主義的政権の下でも、近隣諸国や国際社会の承認をえて、永世中立が実現可能であること、そして、その外交方針によって多面的な外交と国際関係をつくり、国内体制も民主化が可能となりうるモデルとして考えることができるかもしれない。

(2)　東南アジアのカンボジアの場合

カンボジアは、一九九一年一〇月のカンボジア問題・パリ会議の協定で、「中立」・「永世中立」の国家になることが承認され（参加一九カ国のうち九カ国がアセアン加盟国で非同盟国でもある）、一九九三年九月制定の憲法で「永世中立」規定を明記した。しかし、そこには前史があることにも留意する必要がある。カンボジアの場合は、冷戦下において、すでに永世中立を指向していた時期があり、国内的には「永世中立法」の制定（一九五七年）や「永世中立宣言」の議会承認（一九八九年）がなされたりしていたのである。(29)

さらに、カンボジアの永世中立宣言を容易にした背景として、カンボジアの近隣地域では、ラオスが一時期、国際法的な永世中立国（非同盟型永世中立）となった経験がある（一九六二年～一九七七年）。また、アセアン五カ国（インドネシア、マレイシア、フィリピン、シンガポール、タイ）は、一九七一年に、「外国勢力からの、いかなる干渉からも自由な」地域を目指す「平和、自由、中立地帯宣言」を出している。そこには「非核地帯の創設」などのほか、中立に関しては、「東南アジアの中立化は望ましい目的であり、その実現のための方法と手段を探求する」という表現で合意がなされている。もっとも、この宣言文に対して、例えば、当該「宣言」が法的なルールとされるのかどうかについて、また、そこでいう「中立」が、アセアン域外国との軍事同盟からの撤退や外国軍事基地の閉鎖といった「永世中立」の核心事項を要請するものなのかどうかについて、明確にされていないという問題点が指摘されている。(30)

その後のアセアンの骨格となる「東南アジア友好協力条約」（TAC、一九七六年）や、「アセアン憲章」（二〇〇七年採択、翌年発効）においては、紛争の平和的解決や内政不干渉などの原則は明記されているが、「中立」に関する規定はない。アセアンは軍事的共同体を指向していないから、「中立化」をあえて明記する必要がないのかもしれない。また、非同盟の場合は「中立」を重視しない傾向にあることも関係しているのかもしれない。しかし、「永世中立国」になるかどうかは加盟国の自主的選択の問題であるから、「永世中立」を明確にしない国の場合には、例えばフィリピンのように、米軍などとの何らかの軍事的な協力関係が容認される余地を残している。

(3)　北東アジアにおける永世中立構想

以上のように、東南アジアにおいて、自国の「永世中立」や地域の「中立化」が試みられていることは、北東アジアの安全保障や、将来的には北東アジア共同体の基盤を考えるさいにも参考になる。例えば、朝鮮半島を中心とする「中立化」や、米軍との軍事同盟関係にある日本や韓国の「永世中立」宣言などが考えられる（本書第六章参照）。権威主義体制といわれる朝鮮人民民主主義共和国（北朝鮮）の場合は、「非核」や近隣諸国および国連で承認された「永世中立」の憲法をもつトルクメニスタン的な安全保障のスタイルが参考になるかもしれない。日本の場合には、非武装平和憲法を有しているので、コスタリカ的な「非武装永世中立」が参考になろう。

五　日本における永世中立の課題

1　憲法九条と非武装永世中立

日本の安全保障として「永世中立」とりわけ「非武装永世中立」政策がとられるべきだとしても、憲法論的には、その憲法的根拠があるのかどうかが、まず検討される必要がある。

この問題については、現代永世中立国の形態として、コスタリカの「非武装永世中立」について上述したさい（本章三の4）、コスタリカの場合は、憲法には「中立」関連規定はないが、「非武装主義憲法の発展的内容として、永世中立が位置づけられている」と書いた点を想起されたい。その意味は、コスタリカ的な完全でない戦争放棄や非武装主義（常備軍を禁止しているだけで、自衛権行使や再軍備の余地を認めている）の憲法からは、直接的には「永世中立」は導き出せないが、同国の「永世中立」の宣言と実績が憲法の実質的な規範内容を構成するに至っているということである。

しかしそれは、完全な戦争放棄や非武装主義の憲法であれば、そこから「永世中立」の宣言や実績がなくとも、憲法解釈として「永世中立」が導き出せるということを含意する。このような見解は、戦後当初から日本の憲法学説の中で唱えられてきているが、[31] 外国の学者の中にも、憲法九条が「事実上の永世中立」規定であるとみる説がある。「事実上の永世中立」というのは、例えばオーストリアのような「国際法上の永世中立」になっていないということである。それはもっともなことで、日本政府は戦後、永世中立宣言をしていないからである。この説を唱えている中立論研究者のU・ピーパーは、次のような要旨のことを述べている。

すなわち、憲法九条は主権的権利としての戦争を放棄し、さらにその目的達成のため、いかなる戦力も保持しないと規定したが、それは、第二次世界大戦後、日本が「事実上の永世中立国」になった証拠となりうる。しかし、一九五一年、講和条約締結と同時に締結された日米安保条約によれば、アメリカは米軍を日本国内および日本周辺に配備する権利がある一方（第一条）、日本は、アメリカの同意なしに、第三国に基地や軍隊通過を許可できない（第二条）。これらの規定は、中立の地位と抵触する。憲法九条により軍隊をもたない日本を防衛するため、米軍基地だけが設置されることは、中立と合致しない。

というのは、第五ハーグ条約〔戦時中立法〕第一〇条によれば、中立国はその侵害を武力〔武装中立の場合〕で排除できるが、非武装中立国の場合は他の国々に支援を求めることも可能である〔しかし、一国のみに支援を求めるのは中立国の公平の原則に反する（カッコ部分は筆者の補充訳）〕からである。また、日本が国防のためとはいえ、アメリカの軍事援助をえて軍事力を増大させていくことが、日本の中立の地位と両立するという前提に立つことはできない。さらに、安保条約第一条によれば、駐留米軍は日本防衛と同時に、極東平和と国際安全保障の維持のためにも使用できるが、冷戦後、日本は、ホストネーションサポートによる米軍支援を推し進めている。それは、日本が現在もなおアメリカに依存し、「事実上の永世中立国の地位」にないことを意味する。(32)

U・ピーパーの説明は、全体的には興味深いが、完全な戦争放棄と戦力不保持の憲法規定がなぜ「事実上の永世中立国」の証拠となるのかの説明が具体的になされていない。この点については、交戦権放棄規定との関連性からも説明される必要があろう。それについては、簡単な指摘ではあるが、「交戦権を否認している憲法九条は、事実上、中立宣言である」とか、「日本の中立を規定している条項〔憲法九条〕は、中立宣言として解釈されることを妨げるものではない」という、コスタリカのサモラ弁護士の明言は注目に値する。(33)

私見では、次のようになる。まず、軍事同盟条約を締結することは、①同盟国が戦争に巻き込まれた場合、自国も戦争ないし武力行使をせざるをえなくなり、戦争放棄規定に反する。②他国の軍隊駐留や基地を認める場合、一切の武力・戦力不保持規定に反する。③とくに戦時・武力紛争になった場合、同盟国のために、領土や基地を使用させること、国内外で武力行使すること、軍事的物資・資金・情報を提供することなどの行為、いわゆる戦時国際法で合法的に認められる交戦権の行使がなされる。しかし、それは交戦権の完全放棄規定に反する。交戦権を完全放棄するということは、いかなる第三国間の戦時・武力紛争にさいしても、恒常的に、公平に交戦権行使を放棄すること、換言すれば「戦時中立義務」を遵守することを意味する。さらに、別の概念で説明するとすれば、集団的自衛権（行使）の禁止を意味する。

永世中立の核心が、平時からの軍事同盟締結の禁止および外国軍事基地設置の禁止と、戦時における中立義務の遵守ないし集団的自衛権（行使）の禁止、すなわち交戦権放棄にあるとされていることを想起すると、上記の②と③は永世中立の基本的要素を定めていることになる。なお、「非同盟」ないし「非同盟中立」は、もともとは軍事同盟や集団的自衛権行使を完全に禁止する概念ではなく、憲法九条に適合しない部分があるので、使用するさいには注意を要する。そして、①の完全非武装規定と合わせれば、総体として、憲法九条は、「非武装永世中立」を定めた規定ないし「非武装永世中立宣言」規定ということができる。

2　日本における非武装永世中立論の課題

憲法九条からすると軍事同盟は違憲であり、永世中立にも違反する。永世中立は憲法が規範的に要請する憲法原則でもあるが、軍事同盟に代る安全保障政策でもある。しかも、それはまずは最低限遵守すべき外交・安保政策にすぎず、それ以外の、永世中立に抵触しない、かつ永世中立にふさわしい、より多面的な政策は別途考えなければならない。

非武装永世中立の原則からすると、憲法九条を形骸化している有事法制や自衛隊海外派兵の元凶となっている自衛隊（法）と日米安保（条約）体制を解消し、自衛隊の災害救助隊への改編と日米安保条約の日米友好条約への転換を行うことが基本的な課題となる。そのさいには、永世中立国が制定している憲法法律や中立宣言文を参考に、「非武装永世中立法」を制定し、対外的にも中立宣言を行うことが望ましい。もっとも、このような政策を実行できる政権の誕生が期待できない現状においては、「非武装永世中立」の観点から、現状を批判するとともに、さまざまな提言をしていく必要がある。

例えば、①第一に、集団的自衛権や海外派兵との関連では、日本の海外派兵法を批判するだけでなく、集団的自衛権制度や武力的制裁制度を容認する国連（憲章）のあり方を批判し、改革する視点を提供することである。②第二に、世界における非核・軍縮の積極提言や、北東アジア共同体形成に向けて、同地域の非核・中立地帯や人権裁判所設置などの提言をしていくことである。日米安保を維持したままのアジア共同体論の提案などは、好ましいものではない。③第三に、国際紛争の平和的解決の積極的提言や国際人道援助を行うことである。④さらに、日本政府が批准しているジュネーヴ条約追加議定書などの国際人道法の的確な実施を、平和憲法の観点から内外で提言するとともに、「中立国」にこそふさわしい、紛争当事国の利益の保全を委託されて行う「利益保護国」の役割を果たすことである。

戦後日本において、「非武装永世中立」を積極的に提唱した憲法学者の田畑忍（故人）は、一九六一年の論文で、憲法九条には「積極的な無軍備的永世中立主義」の理念が内包されているから、日本が対外的に永世中立宣言を行うとか、国連に対して、日本の非武装永世中立の地域化（地域的保障）を要求すべきことのほか、世界万国の軍備放棄のために努めるべきことなどを提案していた。結果的に、その提案に沿ったような永世中立国として、一九八三年にはコスタリカで「積極的非武装永世中立国」が、一九九五年にはトルクメニスタンで「国連」で承認された「永世中立国」が登場した。また、一九八二年の著書で、戦争や軍事同盟肯定の国際法が憲法九条にならって、戦争否定の国際法に改正されるべきこと、世界の憲法に憲法九条と同様の条項が追加されるべきことなどを、「永世中立国」日本の課題として提案していた。この提案に沿ったような動向としては、例えば、一九九九年のハーグ世界市民平和会議において、「各国議会は、日本国憲法九条にならって、政府が戦争を禁止する決議を採択すべきである」と宣言されている。(34)

　このように、憲法九条の世界化は、「永世中立」ないし「非武装永世中立」の世界化の意義もあるという、田畑の平和憲法論の先見性は注目に値しよう（本書第三章参照）。

（1）澤野義一『永世中立と非武装平和憲法』（大阪経済法科大学出版部、二〇〇二年）の「はしがき」参照。

（2）澤野義一『非武装中立と平和保障』（青木書店、一九九七年）三八―三九頁、九一―九三頁参照。

（3）Stanley R. Sloan, NATO Enlargement and the Former European Neutrals, 1997, in : http://www.fas.org/man/crs/crs2.htm; Hanna Ojanen (ed.), Neutrality and non-alignment in Europe today, The Finnish Institute of International Affairs, 2003. 武田龍夫『北欧の外交』（東海大学出版会、一九九八年）など参照。

（4）W.Langthaler, Antiimperialismus muss ins Zentrum der Friedensbewegung rücken; G.Oberansmayr, Kein Burgfrieden mit Grosseuropa, in: A. Pecha, T.Roithner, T. Walter (Hg.), Friede braucht Bewegung, 2002, S.134-136, 142-144.

（5）澤野義一『平和主義と改憲論議』（法律文化社、二〇〇七年）二四一―二四四頁、同『永世中立と非武装平和憲法』（前掲）二二一―二二四頁。

（6）澤野義一「『永世中立』構想による安全保障政策」深瀬忠一ほか編『平和憲法の確保と新生』（北海道大学出版会、二〇〇八年）二五八―二五九頁、同『非武装中立と平和保障』（前掲）三九―四〇頁、同『永世中立と非武装平和憲法』（前掲）二―八頁参照。

（7）詳細は、澤野義一『永世中立と非武装平和憲法』（前掲）七一頁以下参照。

（8）澤野義一『永世中立と非武装平和憲法』（前掲）五―六頁、Mey Siphal, The neutrality and the non alignement of Cambodia are still being violated, in: static.blog4ever.com/2011/03/476705/artfichier_476705_264801_201108072900541.pdf, p.4-6.

（9）協定の翻訳については、外務省編集の条約集を参照。

（10）P. Hilpold, Solidalität und Neutralität im Vertrag von Lissabon, 2010, S.23f.; B.O.Shikhmuradov, Positive Neutrality as the Basis of the foreign Policy of Turkumenistan, in: www.sam.gov.tr/perceptions/Volume2/June-August1997/volII2POSITIVENEUTRALITYASTHEBASISOFTHEFOREIGNPOLICYOFTURKMENISTAN.pdf.

（11）UN.doc. A/RES/50/80 [A], 12 December 1995.

（12）「永世中立に関する憲法法律」については、www.unhcr.org/refworld/country,NATLEGBOD,LEGISLATION,TKM,4562d8cf2, 45ab3d14,0.html.

（13）澤野義一『永世中立と非武装平和憲法』（前掲）一一二頁以下参照。

（14）「中立宣言」文の翻訳については、澤野義一『永世中立と非武装平和憲法』（前掲）一五三頁以下参照。

（15）コスタリカの永世中立の法的性格に関する諸説については、澤野義一『永世中立と非武装平和憲法』（前掲）一二一―一二六頁参照。

（16）リオ条約（第二〇条）では、締約国の集団的自衛権に基づく共同防衛を義務づける北大西洋（NATO）条約と異なり、締約国の同意なしには軍隊の派兵を要請できない。H.G.Espiell, Costa Rica's Permanent Neutrality and the Inter-American System, in: The Dalhousie Law Journal.Vol.11, Number 2, March 1988, p.669ff.; S.P.Subedi, Land and Maritime Zones of Peace in International Law, 1996, p.146-147, 151, 223. 参照。

（17）H.G.Espiell, Costa Rica's Permanent Neutrality and the Inter-American System, op.cit., p.664.

（18）小田滋ほか編『新版現代国際法』（有斐閣、一九八六年）一〇〇頁。

（19）澤野義一『非武装中立と平和保障』（前掲）五〇―五三頁。

（20）澤野義一「『永世中立』構想による安全保障政策」（前掲）二七〇―二七一頁。判決文については、SALA CONSTITUCIONAL DE LA CORTE SUPREMA DE JUSTICIA, Exp: 03-004485-0007-CO, Res: 2004-09992.

（21）中立宣言に関する「大統領のコミュニケ」の翻訳については、澤野義一『永世中立と非武装平和憲法』（前掲）一六四頁以下参照。

（22）澤野義一『永世中立と非武装平和憲法』（前掲）一一七頁。

（23）澤野義一「『永世中立』構想による安全保障政策」（前掲）二五九―二六四頁、同『永世中立と非武装平和憲法』（前掲）九頁以下、同『平和主義と改憲論議』（法律文化社、二〇〇七年）二四七―二五〇頁も参照。

（24）G.Oberansmayr, Anarchie von oben gegen Neutralität und Staatsvertrag: Legal, illegal,scheißegal, in: www.friwe.at/guernica/guernica_2004_6/NeutralitaetStaatsvertrag.htm. 同じく、G.Oberansmayr, Kein Burgfrieden mit Grosseuropa, op. cit., S.144.

（25）澤野義一『永世中立と非武装平和憲法』（前掲）一八―二三頁、六八―七〇頁、一〇九―一一一頁。

（26）当該首脳会議の決議文については、'Taking into Account Neutral Status', in: www.turkmenistan.ru/?page_id=8&lang_id=en&elem_id=7041&type=event&sort=date_desc.

（27）M.H.Sara, Changing Dynamics of Turkmenistan's Political System, in: www.issi.org.pk/old-site/ss_Detail.php?dataId=440.

（28）H.Plater-Zyberk, Turkmenistan—Slowly in the Right Direction, in: Central Asian Series（Advanced Research and Assessment Group）, 2007, p.7-9.

（29）澤野義一『永世中立と非武装平和憲法』（前掲）五―六頁。その他、岡倉古志郎ほか『非同盟・中立』（新日本出版社、一九七七年）五二―五三頁、Mey Siphal, The neutrality and the non aligement of Cambodia are still being violated,op.cit., p.1-2.

（30）S.P.Subedi, Land and Maritime Zones of Peace in International Law, op.cit., p.108-111.

（31）澤野義一『永世中立と非武装平和憲法』（前掲）一八二頁以下。

（32）U.Pieper, Neutralität von Staaten, 1997,S.255-257. ほぼ同様の記述として、D.Argirakos, Neutralität und Europäische Union im 21. Jahrhundert, 2005, S. 214f.

（33）R.Zamora, Peace Constitution of Costa Rica and Japan, 2006, in: www.article-9.org/en/undpingo/Roberto%20DPI%20handout.pdf, p.4.6.

（34）澤野義一「非武装永世中立の理念を内包する憲法九条の世界化をめざして」『法と民主主義』二〇〇八年五月号三八―三九頁。また、憲法九条に基づく非武装永世中立化のプロセスなども含めて、同『永世中立と非武装平和憲法』（前掲）二四〇―二四六頁、同『非武装中立と平和保障』（前掲）一七四頁以下参照。なお、非武装永世中立化を実現するプロセスの一つとして、自治体の無防備地域宣言運動との関連づけを考える意義については、澤野・上掲論文四〇頁のほか、同『平和主義と改憲論議』（前掲）二三一頁以下参照。

第二章　中立国コスタリカの憲法と平和主義
――歴史と概要――

一　はじめに

コスタリカ憲法については、筆者はこれまで、平和主義との関連で、とりわけ非武装永世中立に関する平和論の側面から関心をもって一定の研究をしてきたが、[1] コスタリカ憲法の歴史や全体構造について、とくに研究してきたわけではない。これは現在も大して変わりはないが、日本ではコスタリカ憲法の歴史や概要を考察する論文が少ないこともあり、[2] 筆者なりの覚書きとして、コスタリカ憲法の全般について概観しておこうという趣旨で、本章を執筆するものである。

このような作業を行うことは、平和主義が憲法の全体構造の中で、どのように位置づけられ、どのように機能しているのかも明らかになると考えられる。例えば、憲法規範や憲法政策において、平和と福祉はどのように関係づけて考えられているのか、といったことである。軍事費を減らし福祉に予算が多く使えることを憲法的価値・理念とする考え方からすれば、非武装ないし非軍備主義による福祉国家型憲法が好ましいといえるが、コスタリカ憲法は、このような国家を指向しているといわれている。そうだとすれば、コスタリカの福祉国家の憲法的保障の態様も把握する必要がある。

この点を日本国憲法との関連で、比較憲法的にみて意義づけるとすれば、次のようなことになろう。すなわち、第二次世界大戦後に制定された現代憲法が、程度の差はあれ、社会権を保障する福祉国家型（社会民主主義型）憲法であることは、ほぼ共通の特色になっている。他方、平和主義については、国連憲章を踏まえ、武力紛争を平和的に解決することは共通の原則となっているが、軍隊をもたずに、平和を維持し、武力紛争を平和的に解決することを明記する平和主義憲法は、今日の世界においても例外であり、各国共通の一般的な特色にはなっていない。しかし、非武装ないし非軍備型の福祉国家を指向する点で、日本国憲法とコスタリカ憲法は例外的な共通点をもっているのである。もちろん、厳密には、コスタリカ憲法が「常備軍」を保持しないという意味での非武装主義であるのに対し、日本国憲法はいかなる形であれ軍隊を保持しないという意味での非武装主義であるという相違が、両者にはある。それはともかく、コスタリカの非武装ないし非軍備型の福祉国家憲法の歴史的形成過程、特色、運用状況を知ることは、日本の非武装ないし非軍備型の福祉国家憲法の運用状況などを検討するさいに参考になると考えられる。(3)

以上の検討意義以外に、コスタリカ政府がアメリカの対イラク戦争を支持したことに対し、最高裁憲法法廷が違憲判決を下した例にみられるように（後述）、コスタリカの平和憲法が司法権においても守られているとすれば、コスタリカの違憲審査がどのような制度で、どのような機能を果たしているのかといったことについても把握する必要性と意義がある。

本章はこのような論点にのみ焦点を当てて検討するものではないが、この検討課題は、執筆の主要な動機になっている。なお、コスタリカ憲法の特徴的な政治制度、人権保障、憲法運用（具体的には非軍備平和主義、憲法裁判、憲法改正、選挙制度、環境権）などについて、日本の憲法改正論議に資するために、二〇〇三年九月、日本の参議院憲法調査会からコスタリカ憲法調査に議員団が派遣されたことは、小国の途上国とはいえ自由民主主義国コスタリカの憲法が、比較憲法論的にも研究対象として意義があるものとみられている証左といえよう。(4)

さて、コスタリカは「中米のスイス」といわれるように、中米の中にあって、例外的に平和で民主的な国家であるというイメージがある。それは、憲法的にみれば、軍隊がないため、軍事政権が生まれず、自由な選挙によって民主的に政権交代を可能にする一九四九年の現行憲法（第二共和国憲法）があることに起因しているといえる。しかし、コスタリカでは、現行憲法以前から、ミリタリズムがなく、比較的に自由・平等で民主的な社会のもとで憲法が守られてきたと考えるのは問題である。このような見解については、現行憲法の理念と政治体制を定着させようとした戦後の指導者（とりわけ社会民主主義の傾向をもつ国民解放党）らによって形成された面があることに留意する必要がある。実際には、クーデタや武力行使による政変が起き、ミリタリズムや独裁政による統治も行われている。(5)

一九世紀から二〇世紀初頭において、ラテンアメリカ諸国でみられたように、アメリカ合衆国や西欧の近代憲法を参考にしながら理想的な憲法を制定するが、憲法が実現されないうちに、新たな憲法の制定や改正が頻繁に行われたこと、人権保障が多くの国民には実効性をもたず、憲法の規定と運用に乖離（憲法侵害）があったことは、(6)コスタリカの憲法史についても妥当する点がある。コスタリカでは、一八二一年の憲法制定以降、一八七一年までに、憲法の制定と改正を頻繁に行っている。一八七一年憲法は一九四八年まで、部分改正を行いながら、二年の失効期間を除くと七五年間維持された。第二次世界大戦後の一九四九年憲法は、八〇回を超える部分改正を行いながら、(7)現在も維持されている。

二　コスタリカ憲法の前史

1　第一共和国憲法（一八四四年）制定前後の憲法

一八二一年九月中米諸国がスペインから独立を宣言したとき、コスタリカも独立宣言を行った。翌年、他の中米諸国とともにメキシコ帝国に併合されたが、一八二三年、メキシコ帝国の崩壊により、コスタリカを含む中米五カ国は中米連邦を結成した。コスタリカは一八三八年に中米連邦から離脱するが、最終的に独立するのは一八四八年である。この間のコスタリカ関連の主要な憲法は、一八二一年一二月の「基本協約」、一八二四年の「中米連邦憲法」、一八二五年の「コスタリカ自由国家の基本法」、一八四四年の「コスタリカ第一共和国憲法」である。(8)

一八二一年の「基本協約」は、スペイン最初の憲法で自由主義的なカディス憲法（一八一二年）の影響を受け、市民的自由、財産権、その他人間や国民の自然的権利の保障規定も有するが、Junta（革命政府評議会）を中心にした統治に関する規定が基本となっており、権力分立や独立した立法権は明確になっていない。一八二五年の「コスタリカ自由国家の基本法」は、アメリカ合衆国憲法の影響を受けた一八二四年の「中米連邦憲法」を踏まえ、コスタリカにとっては権力分立制を明確に導入した最初の憲法であり、市民的な人権の保障規定も拡大しているが、権威的・独裁的傾向をもつ指導者（カリーリョ政権など）による政治が行われ、憲法は必ずしも遵守されなかった。そこで、一八四四年の「コスタリカ第一共和国憲法」は、二院制議会と、より制限的な執行権で組織される厳格な権力分立、あるいは大統領・議員・裁判官を直接選挙する制度や有権者登録制を採用した。

その後、一八七一年憲法が制定されるまで、ほぼ一〇年ごとに憲法が制定された（その間に若干の改正あり）。

一八四七年憲法は、一八四四年憲法で導入された直接選挙制度を廃止し、選挙義務と制限選挙制を導入した。一八五九年憲法は、大統領の再選を禁止するなど執行権を制限すると同時に、それと釣り合いをとるために、非常事態における緊急権条項を初めて導入した。一八六九年憲法は、初等教育の義務化と無償制度を導入した。

このように、一九世紀中期の憲法が自由主義的な性格をもつとはいえ執行権の強化を伴っていたのは、本質的には、コスタリカの資本主義経済を上から発展させ、経済を支配するコーヒー生産階級（カフェタレロ）の特権的な寡頭政治を正当化することにあったといわれている。政権の維持や交代にさいし、武力を背景にしたクーデタなどもしばしば用いられた。(9)

2　一八七一年憲法の制定と運用

一八七〇年にクーデタ的に政権についたグアルディア（死去する一八八二年まで大統領）のもとで、翌年の一八七一年に憲法が制定される。一三六カ条からなる当該憲法は、より多くの市民を巻き込んで国民国家的に資本主義経済を発展・強化させる必要に迫られて、市民的自由権に関する広範な諸規定、立法権・執行権・公務員に対する憲法・法律の遵守規定、軍隊の市民への服従規定、一院制議会、アメリカ合衆国的な大統領制（国民の間接選挙、四年任期で再選禁止）など、自由主義や立憲主義の要素を拡大した。この憲法のもとで、グアルディアは、死刑を廃止し、公教育や公衆衛生を向上させることなどで、自由主義的でかつ民主主義的政策も行った。(10)しかし同時に、グアルディアの改革には、官僚制の効率化による国家権力や軍事力の強化（独裁的統治）によって、憲法や人権の侵害が伴っていたという、矛盾した実態があったことも指摘されている。(11)

グアルディア政権後、一八七一年憲法のもとで（一九四八年まで存続）、権力を抑制的に行使する自由主義的な政治が行われるのは、ソト大統領の時代（一八八五年〜一八八九年）である。彼は、野党的政党も活動することができ、民衆が参加する自由な選挙制度を一八八九年に導入し（中米では最初）、コスタリカの民主主義の基礎をつくることにも貢献した。それから約二〇年間は、ミリタリズムが影をひそめ、平和的な政権交代も行われるようになった。ただし、第一次世界大戦に伴う経済危機を軍事独裁によって乗り切ろうとした政権（ティノコ大統領）が一九一七年に登場したことにより、一九一九年までの二年間だけ憲法は失効状態となった。(12)

一九二〇年から一九三〇年代の政権のもとでは、以前の自由で民主的な伝統が比較的尊重されたが、この頃から顕著になってきた失業、低賃金、労働争議などの社会問題に対処するには、従来の自由主義的な政権では限界があった。そこで、一九四〇年代には、労働者階級の利益も代弁する国民共和党のカルデロン政権（一九四〇年〜一九四四年）が登場し、社会保障制度を整備し始める（中米で最初）。そして、キリスト教的民主主義にもとづく社会改革論に立脚するカルデロンは、一九四三年に、米ソ連合の反ファシズムの世界的風潮を背景に、穏健化したコスタリカ共産党やカトリック教会と連携し、憲法を改正して、家族・労働・社会保障に関する社会権規定を導入した。(13) これに伴い、社会権を補完する法律として労働法典なども制定された。(14)

社会権規定は、総則的（プログラム）規定を含み一五カ条にわたって定められており（第五一条〜六五条）、社会主義的傾向の人権論やキリスト教的社会正義論が反映した内容となっている。(15)

総則的規定の第五一条は、「国は、国家の基礎である家族を特別に保護すること、すなわち母親、子ども、高齢者および病人を保護することによって、また、生産および富の適正な分配を組織、奨励することによって、コスタリカ国民の福祉の向上に最大限努めなければならない。」と規定している。第五二条は、「労働は、社会的義務であり、また、労働の義務を履行することにより、適正と能力に応じ人間に値する生存を要求する権利を各人に認める目的をもった法律により、特別の保護を受ける。」と規定している。第五三条以下の具体的規定の例としては、最低賃金、八時間労働、五〇％の超過労働割増賃金、性別や出自を問わない同一労働同一賃金などに関する規定、使用者・被用者双方に対する団結の自由や労働争議およびロックアウト権の保障、使用者・被用者・国が同等に費用負担する社会保険の確立、職場や労働安全衛生に対する使用者の配慮義務などに関する規定、労働裁判所設置などを予定（ほとんどは労働法典で補充）する規定がある。その他に、所有権は公共の福祉による制限を受けるとする憲法第二九条の規定もある。

なお、社会権を導入した上記のような改正コスタリカ憲法は、メキシコ革命によって制定された一九一七年一月のメキシコ憲法などが参考にされているといわれており、[16]労働権・社会保障・所有権制限などの個別的規定では、メキシコ憲法（第二七条、第一二三条）との共通点もみられる。[17]しかし、コスタリカ憲法の第五一条や第五二条の社会権の総則的規定は、メキシコ憲法にはみられない。ドイツのワイマール憲法には、「経済生活の秩序は、すべての人に、人間たるに値する生活を保障する目的をもった、正義の原則に適合しなければならない。この限界内で、個人の経済的自由が、確保されなければならない。」（第一五一条）という、社会権に関する有名な総則的規定や、家族保護規定（第一一九条）などがあるが、[18]改正コスタリカ憲法の総則的規定は、当該ワイマール憲法などを参考にしたものと思われる。

なお、以上のことからすれば、現代憲法において社会権を最初に規定したのはワイマール憲法であるという通説は、必ずしも正確とはいえない。[19]ワイマール憲法は、一九一七年一〇月のロシア社会主義革命によって作られた一九一八年の「勤労・被搾取人民の権利の宣言」やソビエト憲法の影響を受けた修正資本主義憲法として制定されたと考えられるが、[20]メキシコ憲法は、ロシア革命やソビエト憲法の影響を受けることなく、ワイマール憲法以前に、その一部源泉となる憲法を制定していた意義は改めて確認されるべきであろう。[21] もちろん、メキシコ憲法が文字通りに実施されたかどうかは別の問題として検討される必要がある。[22]

三　コスタリカ憲法の制定過程と基本的特色——第二共和国憲法（一九四九年）について

1　憲法の制定過程

第二次世界大戦後、カルデロンが再度大統領選を争った一九四八年、新しく登場してきた社会民主主義勢力（中産階級、小ブルジョアジーなどの利益を代弁）などが支持する野党保守派で国民連合党のウラテ候補に敗れたにもかかわらず、議会は選挙を無効とし、カルデロンの就任を決議した。これをきっかけに、社会民主主義を方針とする国民解放党の指導者フィゲーレス（前政権下では国外追放になりメキシコに亡命）らは、武装蜂起によりカルデロン前政権の支持勢力を追放し（約六カ月の内戦）、暫定政権の革命政府評議会（Junta）による統治を行うことになる。この統治のもとで、政府軍を解散し、内戦に終止符を打ち、自らも武力によらない民主政治をめざして軍備放棄を宣言した（後述五の1(1)）。その一方で、カルデロン政権時代に当該政権と協力関係にあった共産党の非合法化や銀行の国有化などを行った。

その数日後、憲法制定議会議員選挙が行われたが、ウラテ派議員がフィゲーレス派議員に比べ圧勝したため、憲法制定議会では、一八七一年憲法を無効とする革命政府評議会が命じた憲法起草委員会作成の憲法草案を否決し、一八七一年憲法をもとにして新憲法を審議することになった。このようにして、一九四九年一一月、現行の第二共和国憲法が成立した。この憲法は、フィゲーレス派の憲法草案を否決してつくられたが、軍備放棄提案については取り入れている（ウラテ派憲法草案も類似の規定を提案）し、一八七一年改正憲法（一九四三年）に含まれていた福祉国家的社会権条項も踏襲しているのが特色である。[23]結果的には、自由民主主義を基調としつつ、国民解放党の社会民主主義的思想にも適合する憲法になったといえる。

なお、コスタリカ国民解放党の社会民主主義観は、M・エルンストによれば、「ケインズ理論による混合経済」論ないし「一九三〇年代以降のアメリカのニューディール的福祉国家」論である。[24]K・ティパマンによれば、「非科学的社会主義と自由主義の混合」としての「民主社会主義」論であり、反マルクス主義であることを特色にしていると指摘されている。[25]

2　憲法の基本的特色

さて、一九四九年憲法は部分改正を重ねながら現在も存続し、全文一九七カ条・一八編で構成されているが、憲法の内容に関する基本的な特色はどこにあるのだろうか。

これについて、ドイツのコスタリカ憲法研究者のヨヘン・フックスの場合は、①政権交代可能性の保障、②国家予算の六％を司法部に一定して配分するとしていること、③永世的・積極的・非武装的中立、④詳細に保障された社会立法の憲法的保障、⑤選挙最高裁判所の五つの事項をあげているが、[26]この点も参考にして、以下にコスタリカ憲法の基本的特色について指摘しておくことにする。

コスタリカ憲法は、共和国の基本的な性格を規定する第一編（第一条〜第一二条）において、コスタリカが自由かつ独立の民主的な共和国であること、国家の主権が国民に存すること、政府権力が立法・行政・司法の三権分立に基づいて行使されることを規定している（第一条〜三条）。これ自体は普通の近・現代憲法では新奇とはいえない。

しかし、政府のあり方としての「人民性、代表性、交代性、責任性」という規定（一八七一年憲法以来の規定）の中に「交代性」を明記している点（第九条）は興味深い。これは独裁制を防止して議会制民主主義を指向するものといえる。これが、憲法の第一の特色である。選挙は比例代表制のもとで多党が競っているが、二大政党制（国民解放党と保守派のキリスト教社会連合党）による政権交代で政治が運営されてきた。ただし、近年は、二大政党制による政治運営への不満から投票率の低下、第三党への支持率の上昇などの現象がみられる。(27)

第二に、三権分立機関とは独立してあらゆる選挙事項を扱う国家機関として「選挙最高裁判所」を設置し（第九条、第九九条以下）、選挙の側面から民主政治を担保しようとしている。選挙最高裁判所は「第四権」ないし「第四権力」とも評されるが、大統領選挙をめぐって生じた内戦などが起きないように、選挙の公正を確保する目的で一九四九年憲法に導入されたものである。

第三に、憲法問題を特別に扱う「憲法法廷」を最高裁判所の中に設置したこと（第一〇条。一九八九年憲法改正）は、人権保障機能と立法および行政統制機能を高め、立憲主義（法の支配）を強化するものである。国家予算の六％を司法部に一定して配分することを保障する制度（第一七七条）も、司法権の独立を保障し、法の支配を維持するためのものといえよう。アンパーロ（amparo）請求など様々な人権保護の申し立てが容易にできるようになったこと（後述**四**の1(3)）以外に、一九八〇年代以降、コスタリカ政府が取り始めた新自由主義政策（規制緩和による自由な経済活動の促進）の矛盾が一九九〇年代以降顕在化し、福祉国家制度が浸食されるようになったことに対し、憲法法廷は、政府による多国籍企業に対する有利な権利付与に対し違憲判決を下すなど、憲法の福祉国家の理念を守る役割を果たしている。(28)これは、次に述べる憲法の平和国家理念の擁護についても妥当する。

第四に、平和主義のあり方として、軍事をめぐる紛争の余地をなくすため常備軍を禁止したことは（第一二条）、普通の近・現代憲法の中では特異な例である。それだけでなく、同規定が実際にも遵守されてきたのは、コスタリカの戦後民主政治の発展にとっては好条件となっている。ジョン・ブースは、コスタリカが憲法で常備軍を禁止したことによって、「政治的安定、民政、および目覚ましい人権の推進が長年にわたり保障されることになった」とか、「民主主義の広がりと深化がもたらされた」と評価している。(29)なお、永世中立は憲法規定にはなく、一九八三年に外交政策として宣言されたものである。憲法のこのような民主的な立憲平和主義は、最高裁憲法法廷でも活かされている。例えば、アメリカの対イラク戦争を支持した政府の安全保障政策を違憲と判示した判決の論拠として用いられている。この点については、後で詳論する（本章五）。

第五に、社会立法に関する詳細な憲法規定つまり社会権条項は、第五編では家族・労働・社会保障関連事項が二五ヵ条にわたり規定され（第五〇条～第七四条）、第七編では教育文化関連事項が一四ヵ条にわたり規定されている（第七六～第八九条）。これは福祉国家の理念を重視する指向の現れといえるが、戦前の一九四三年改正憲法を踏襲するものでもある。

第六に、上記以外のものとして、時代に応じた「新しい人権」として、プライバシー権（第二四条）、情報アクセス権（第三〇条）、消費者の権利（第四六条）、環境権（第五〇条）などの保障規定が憲法の部分的改正により導入されている点にも、特色がある。

四　コスタリカ憲法の基本的人権と政治制度

1　基本的人権

(1)　**基本的人権規定の概要**

基本的人権について、憲法第四編（第二〇条～第四九条）は近代憲法的な個人の権利である自由権や国務請求権を、第五編（第五〇条～第七四条）は二〇世紀的な社会的権利（社会権）を中心に定めているが、現代的な権利（日本的な関心事では新しい人権）として、上述したように、第四編には情報アクセス権や消費者の権利などが、第五編には環境権が規定されている。また第四編の中では、コスタリカの平和国家とも関連する重要な規定である庇護（亡命）権保障（第三一条）や、憲法および国際人権条約で保障された人権の保護（アンパーロ）請求権規定（四八条）なども注目される。宗教の自由については、ローマ・カトリックの国教保障とともに、第六編で特別に条項を設けて保障している（第七五条）。教育関係の権利は第七編に独立させて規定している。選挙に関する政治的な権利・義務については、選挙最高裁判所関連規定とともに、第八編で規定されている。なお、平等権は、多数の自由権の中に規定され（第三三条）、すべての人権の総則的な位置に規定されていない点は、人権規定の構成からみて気になるところではあるが、平等権の享有主体である「すべての人」は、一九九九年、男性をも示すhombreから、性差のないpersonaに改正された点は興味深い。(30)

(2)　**自由権**

自由権関連の人権として規定されているのは、精神的自由権、人身の自由などであるが、経済的自由に関しては、財産権を不可侵としつつも、社会的利益のために制限できること（第四五条）、私的独占の禁止など（第四六条）、福祉国家的な規定ともなっている。なお、第四六条は、「私的独占並びに法律に基づくものであっても、商業、農業及び産業の自由を脅かすいかなる行為も、禁止される。」「消費者及び利用者は、健康・環境上の安全・経済的利益を保証される権利、適当且つ真実の情報を受け取る権利並びに選択及び公平な取り扱いの権利を有する。」と規定している。

(3)　人身保護令状請求権とアンパーロ請求権

第四八条では、人身保護令状（ヘビアス・コーパス）請求権と、人身保護以外の人権で、憲法および国際人権条約で保障された人権の保護（アンパーロ）請求権が規定されている。これらの請求権は、権利侵害回復のために相手方（個人や国家機関など）を告発する権利を意味し、憲法法廷の管轄事項とされているが、請求には特別な要件（法的根拠など）は必ずしも必要ではなく、どのような人であれ、簡単に申請できるのが特徴である（後述、四の2の(4)）。この権利救済制度は、近年のラテンアメリカ憲法に共通に導入されている。[31]

(4)　社会権

社会権関連規定は、他のラテンアメリカ憲法にもみられる傾向であるが、相当詳細である。まず、社会権規定の冒頭（第五〇条）に、国が生産・富の適正な配分と住民の最高の福祉のために努めなければならないと規定するとともに、「何人も、健康でエコロジー的（生態的）に均衡のある環境への権利を有する。」と明記している。

家族に関しては、母・子ども・老人などとともに国家の保護を受ける権利、婚姻における配偶者間の平等、嫡出子と非嫡出子に対する両親の同等の義務などを規定している（第五一条～第五五条）。

労働者の人権については、労働者の権利・義務規定から始まり、日本でいえば労働基準法や労働組合法などで規定されているような、労働者や女性・未成年者の労働法上の保護などに関する規定がおかれている。失業保険や社会保障に関しては規定もある（第五六～第七四条）。

教育関連では、国内総生産の六％を下らない教育への公費支出（第七八条）、文盲の一掃などのための成人教育への支援、大学に対する特別の助成、自然や歴史的・芸術的遺産の保護、科学・芸術への支援などの規定がある（第八三条〜第八九条）。

(5) 政治的権利

政治的権利に関する規定は、選挙事項を主に扱っている。まず、選挙権については、一八歳以上のコスタリカ人に与えられる市民権の基本に位置づけられているが、それは義務的な職務（権能）としても規定されている（第九三条）。この義務的規定の個所は一九五九年の憲法改正で導入されたが、義務違反である棄権に対しては法的制裁を伴わないシンボル的なものとされている。[32]

政党との関連では、市民は国政参加のため政党結成権を保障されるが、政党活動については国の憲法秩序を尊重する限りで認められる（第九八条）。この政党制約条項は、コスタリカの民主的制度を破壊するような特定政党を禁止できるとした従前の規定を緩和するために導入されたものである（一九七五年改正）。これによって、確かに共産党は合法化されたが、政党規制の余地を残しているといえる。[33] 政党の活動に関連して、有効投票の四％を獲得するなど一定の要件を満たした政党には国から助成金が与えられる（九六条）。

選挙に関する諸活動の組織・運営・監督は、選挙最高裁判所が排他的に行う。日本的にいえば選挙管理委員会が行う事務のほか、選挙に関する警察的な権限行使、選挙事項に関する国会の法案審議への関与などである（第九九〜第一〇四条）。[34]

(6) 基本的人権保障の現実的問題

コスタリカが以上のような人権に関する憲法規定をもち、また米州人権裁判所を招致して人権擁護国家を指向しているにもかかわらず、現実には様々な人権侵害が問題になっていることにも留意しておく必要がある。従来からの男性優位主義思想による女性や子どもたちへの人権侵害や先住民差別のほか、近年の新自由主義（自由化・民営化）

政策のもとで生じてきた、貧富の格差による人権侵害、労働者の権利に関する条件の悪化、無償義務教育の一部有償化、私立大学認可における教育の自由化、年金・保険医療部門の改革など、社会権の形骸化現象も生じている。また、環境保護を進める（環境先進国ともいわれる）一方で、行き過ぎた観光開発による新たな環境破壊が生まれているとの指摘もなされている。もちろん、これらの諸問題に対する新たな対策も試みられている。[35]

2　政治制度

(1)　政治制度規定の概要

戦後のコスタリカ憲法の三権分立制は、立法権（第九編）と行政権（第一〇編）の関係でいえば、議院内閣制でなく大統領制であるが、戦前に比べると大統領の権限を弱め、議会の権限を強めた。ただし、コスタリカ内外の政治的・経済的危機が高まる一九七〇年代以降、大統領の権限が事実上強化されることになる。[36]

司法権（第一一編）とりわけ違憲審査制度については、当初は具体的事件に付随して法令の合憲・違憲を判断するアメリカの制度をモデルにしてきたが、それと並行して、憲法改正により、具体的事件に付随することなく法令を一般的・抽象的に審査できるヨーロッパ大陸型の違憲審査制も導入した。これは、ラテンアメリカ憲法の近年の傾向でもあるが、独自の憲法裁判所を設置するというよりは、従来の最高裁判所の中に特別の憲法法廷を設置する方式をとっている。[37] この制度の導入によって、違憲審査以外の人権保護の申し立ても受け付けるようになった点が注目される（上述のアンパーロ請求権など）。選挙に関しては、「第四権」ともいわれる「選挙最高裁判所」が設置されている。

地方自治は国家機関とは独立した団体として保障されている（第一二編）が、自治権保障は十分でないように思われる。

⑵　立法権

国会は一院制で五七名の議員で構成されるが、議員は各県の人口に応じて県から選出される。議員（被選挙権は二一歳）の任期は四年で、連続選出は禁止されている。国会の権限には、法律の制定、最高裁裁判官の任命、条約等の批准、外国軍隊の入港等の同意、大統領・副大統領等の告発、大臣への説明請求・大臣の不信任、国家防衛状態の宣言や講和の締結に関する行政部への授権、公共の必要性による一定の自由権の停止などに関する権限がある（後者二つの権限は国家緊急権関連規定）。近年、市民の立法行使権として、法律案の発議権（五％の市民による）や、国民投票による法律の廃止または修正権が認められるようになった（第一〇五条、第一二三条、第一二九条。二〇〇二年憲法改正）。

⑶　行政権

行政権は、大統領と政府の大臣により行使される。大統領の任期は四年であり、一九六九年の憲法改正以来、再選出は禁止されてきた（第一三二条）。しかし、二〇〇三年四月、再出馬を求めるアリアス元大統領の主張が最高裁の憲法法廷で認められた。同条は市民の立候補権を侵害するというのが理由である。これによって憲法改正が行われ、前職後八年が経過していれば、再選出できるようになった[38]。

大統領の独自の権限としては、政府の大臣の任免、国家警備隊の最高指揮権、国会への教書提出などがある（第一三九条）。大統領と大臣からなる内閣の連帯権限としては、法律の制定発議、法律の承認・公布・執行・監督・条約の締結、予算案の国会提出などがある（第一四〇条）。内閣が国会の権限・司法部の権限・地方公共団体の権限を妨害する場合等には、内閣の連帯責任が生ずる（第一四八、第一四九条）。

(4) 司法権

司法権は最高裁判所および法律の定める他の裁判所によって行使されるが、憲法と法律にのみ拘束される。最高裁判所は、民事・行政問題を扱う第一法廷、家族・労働問題を扱う第二法廷、刑事問題を扱う第三法廷、憲法問題を扱う第四法廷で構成される。最高裁判所の裁判官は国会が任命し、任期は八年（再任期も八年）である。最高裁判所はその長官および各法廷の裁判長を任命する（第一五二～第一六七条）。

憲法法廷の特色についてはすでに言及したが、詳細は憲法裁判法で明記されている。憲法法廷は、八年ごとに立法議会によって任命される七名の裁判官で構成され、次のような六種類の申し立てを受理する。すなわち、①自由権侵害に対する人身保護申し立て、②人身保護以外の人権保護申し立て（公的機関、企業、私人などによる憲法や国際人権条約で規定されている権利侵害に対するもの）、③憲法や国際条約に違反する立法や行政行為に対する違憲審査請求（すべての人が申請可能）、④ある事柄について裁決するさいに適用すべき規定や法的措置の合憲性についての裁判官からの諮問、⑤法律案の立法承認前に、同法案が憲法や国際条約に違反するかどうかに関する議会議長・議員・住民団体などからの諮問、⑥公的機関相互の権限争いの申し立てである。(39)

(5) 地方制度

行政遂行のため、国土は県（現在数七）・郡（カントン、現在数八一）・町に三区分されるが（第一六八条）、地方自治の実質は郡によって行われている。税制の決定権がないなど、自治権は限定されている。郡長（市長に相当）は従来、郡議会から任命されていたが、二〇〇二年から、住民による選挙によって選ばれることになった。県は国政選挙の選挙区としての役割が主で、知事制度は一九九八年に廃止されている。(40)

(6) 国家財政

行政部は予算編成にあたり、予算の六％以上の金額を司法部に配分すること、社会保障の普及および国の保険金の支払いを完全保障するために必要な基金が欠損しないよう配慮すべきことが定められている（第一七七条）。その他、行政部による歳出案の増額については、国会の補助機関ではあるが職権において独立した会計検査院に事前説明をしなければならないとされているが、これは会計検査院を国家財政のチェック機関として重視しているものといえよう（第一七九条）。

(7) 憲法改正

憲法の修正（部分改正）を求める議案は、一〇名以上の議員の署名を付すか、最低五％の市民により、国会の常会に提出される。その後、国会により任命された委員会および国会で承認された後は、国会は委員会を通じて対応する法案を準備する。そして、法案が国会の総議員の三分の二以上の票決で承認された場合には、憲法改正が成立する。憲法修正が市民から発議された憲法改正については、国会で承認された後、国民投票に付される（第一九五条。二〇〇二年の改正で導入）。憲法の全文改正については、特別に招集される憲法制定議会によって行われる（第一九六条）。

なお、コスタリカでは、これまで約八〇回の憲法の部分改正がなされてきているが、憲法の基本原理である非武装平和条項を廃止するといった、日本国憲法下のような憲法改正論議はあまりみられない(41)。

五　コスタリカ憲法の平和主義

コスタリカ憲法の基本的特色の中でも、とりわけ注目されるのは、一九四九年憲法に導入された非武装平和主義である。これを踏まえて、コスタリカ政府は一九八三年には非武装永世中立を対外的に宣言し、実践してきているが、近年、非武装永世中立政策に動揺もみられる。

1　非武装平和憲法の特色

(1)　非武装主義の意味

コスタリカの非武装平和主義は、現行憲法第一二条において、「①常設制度としての軍隊は、禁止される。②治安の監視と維持のために、必要な警察隊を置く。③大陸協定によるか、もしくは国の防衛のためにのみ、軍隊を組織できる。」と規定されている。

この条項では、コスタリカは常備軍をもたないが、軍隊の保持は完全には禁止されておらず、例外的に、米州機構（OAS、一九四八年）や軍事同盟の米州相互援助条約（一九四七年のリオ条約）といった「大陸協定」の要請、もしくは自国防衛の必要性がある場合には、法的には再軍備が可能になっている。したがって、憲法上は、国家の自衛権（第一三九条や第一四〇条の防衛や軍に関する組織・権限規定）、非常事態のさいの人権停止などを可能とする国家緊急権（第一二一条）、徴兵命令権（第一四七条）、海外派兵権ないし集団的自衛権などがあることが前提にされている。

ちなみに、日本の非武装平和憲法は、このような国家権限を認めていない点で、コスタリカの非武装平和憲法とは性格が異なる。もっとも、日本の場合は憲法に反して世界有数の再軍備をしているのに対し、コスタリカは憲法原則を守り、再軍備や海外派兵を行っていない。

コスタリカの非武装憲法は、フィゲーレス派が主導する革命政府評議会（暫定政権）が一九四八年に旧政府軍を解体して行った軍備放棄宣言を憲法で確認したものであるが、非武装化の背景ないし動機には、次のようなことが指摘されている。①軍隊の廃止により内戦や軍隊によるクーデタを未然に防止し、ミリタリズムによらない民主政治を行うこと、②軍事費を経済発展や福祉に使用すること、③外国からの武力的侵犯に対しては米州機構を通じて対処されることが想定されていたこと、④軍隊に代わる治安警察隊はフィゲーレス派の国民解放軍が実質的な担い手になること、などである。(42)

なお、コスタリカ憲法のような非武装主義は、世界史の中では伝統的に存在している一つの平和思想であるだけでなく、現実主義的な政策でもあった。(43)国防のための民兵は容認するが、平時において常備軍を保有することを危険視して避けるべきだとする思想は、アメリカの一七七六年ヴァージニア権利章典などのような近代市民革命憲法(44)のほか、一八七四年スイス憲法などにもみられるが、(45)平和論としては、哲学者のカントが『永遠平和のために』(一七九五年)において、常備軍の問題点と全廃を提案している。(46)近年では、パナマが米軍の軍事侵攻により国軍が解体されたことを契機に、市民の平和運動の影響もあり、一九九四年憲法改正により、コスタリカ憲法をモデルにして非武装主義憲法を導入している。(47)

戦後日本の場合は、占領軍の政策により完全武装解除された状況を踏まえて、常備軍に限定せず一切の軍備を放棄する非武装主義憲法を採用した。もっとも、戦前日本の平和思想には、日露戦争に反対した社会民主党の軍備全廃論や、同党にも属した安部磯雄の非武装永世中立論(48)もすでに主張されていた。

(2)　非武装の実態

コスタリカは、一九四八年に軍隊を廃止して以降、戦車、戦闘機、軍艦、ミサイルといった、いわゆる軍備を保有していない。ただし、一九四九年に一二〇〇人程度の市民警備隊として発足した警察隊は、その後編成されつつ徐々に増大し、一九八〇年前後の中米紛争を背景にした隣国からのゲリラ侵攻の阻止や国内治安維持強化のため、アメリカの軍事的援助(訓練や費用援助)もあり、警備隊は軍事化、すなわち、「準軍隊」として「正規軍化」しつつあるともいわれた時期がある。しかし、一九八三年（一一月一七日）のモンヘ大統領による「永世的、積極的、非武装的中立に関する大統領宣言」は、コスタリカの軍事化に歯止めをかけることになったといえる。(49)

一九九六年から、警察隊は、公安省が管轄する治安部隊として、市民警備隊、国境警備隊、地方警備隊に編成されたが、現在の治安部隊数は、市民警備隊が四四〇〇人、国境警備隊が二〇〇〇人、海上監視員が三〇〇人、航空監視員が三〇〇人、地方警備隊が二〇〇〇人の計九〇〇〇人であり、その予算（準軍事費）はＧＮＰの〇・七％である。警察隊が保持する武器は、哨戒艇、監視航空機、小火器類などである。(50)

2　永世中立宣言の背景と法的性格

(1)　国際関係における中立指向の伝統

上述のコスタリカの「永世的、積極的、非武装的中立に関する大統領宣言」（以下、「中立宣言」と略記）は、隣国ニカラグアの左翼政府に対するアメリカの軍事干渉によるニカラグア内戦の激化に伴い、コスタリカ領土がニカラグアの反政府ゲリラ（コントラ）に利用されることを阻止することと、アメリカによるコスタリカ領土の軍事利用要求を拒否する必要性などから出されたものである。

モンヘ大統領（国民解放党、一九八二年～一九八六年）は、レーガン政権の圧力があったにもかかわらず、スイスやオーストリアの中立主義に学んで（スイスには住んだ経験もある）、コスタリカの中立宣言を実行したと述べている。(51)

しかし、コスタリカには、それ以前にも中立政策がとられた経験があることを想起しておく必要がある。早くは一八二二年から一八二三年頃、近隣の諸国や都市（メキシコ対コロンビア、レオン対グラナダ）の紛争にさいしては中立を維持するという条約を締結している。また、一八六三年、ヘスス・ヒメネス大統領は、他の中米諸国と異なり、コスタリカが紛争に巻き込まれなかったのは、同国が中立を維持する努力をしたことに起因していると、国会で報告している。なお、コスタリカ自体の中立ではないが、一九〇七年には、コスタリカなど中米五カ国がホンジュラスの永世中立を承認する条約を締結していることも参考となろう。[52]

(2)　永世中立宣言の法的性格[53]

コスタリカの中立宣言は、憲法改正（憲法に永世中立を明記）を伴った形での宣言が議会で受け入れられなかったため、外交関係のある国々に対するコスタリカ政府（大統領）による一方的な通知による方法でなされた。この中立宣言に対し、スペインの首相などは「支持」を、フランスのミッテラン大統領は「歓迎」を表明した。アルゼンチン、パナマ、ニカラグアなどの大統領は、「我々は、コスタリカの積極的で効果的な中立に制度的な枠組みを与えようとしているコスタリカ政府の努力に対して、賛成を表明する。そして、コスタリカ政府が引き続き、中米の平和に貢献するために努力するであろうと考える。」という内容の宣言に署名している。国連事務総長のデ・クエヤルなどは、中立宣言の意義を評価する文書ないし見解を出している。

それはともかく、コスタリカの場合、オーストリアのように、外交関係を有する諸外国に中立宣言を一方的に通知した点では、オーストリアのそれと類似している。しかし、オーストリアの場合とは異なり、外国に対し永世中立の承認を求めるコスタリカ側の意思および関係国側の承認意思が不明確であるという評価もなされている。このようなことから、コスタリカの永世中立を、オーストリアのような国際法的性格を有する永世中立ではなく、政治的性格の永世中立、すなわち、スウェーデンのような中立主義的ないし事実上の永世中立とみる見解が、日本も含め世界的には有力のようである。

他方、対外的に拘束される意思をもってなされた国家の行う一方的行為（宣言）については、他国の受諾がなくとも国際法的拘束力が生ずることがあるという説に依拠すると、コスタリカの中立宣言も、国際法的拘束力を有するとみることができる。これは、コスタリカ政府の見解であり、アメリカのイラク戦争を支持したコスタリカ政府の行為を違憲と判示したコスタリカ最高裁の憲法法廷の見解（二〇〇四年）でもある（後述）。私見も、この見解を以前から支持している。

なお、コスタリカは、軍事同盟のリオ条約（米州相互援助条約）に加盟しているから永世中立とはいえないという批判論もあるが、この点については、リオ条約とリンクしている米州機構（憲章）との関連でみる必要があり、批判論には賛成できない。米州機構はリオ条約を取り込んでいるが、国連の集団的安全保障の地域的制度（憲章第五二条）であり、集団的自衛権に基づく純然な軍事同盟とは異なることに留意する必要がある。それは、集団的安全保障としての国連（憲章）が、理念を異にする集団的自衛権制度を内包していることと同様のことである。そうだとすると、国連にオーストリアなどの永世中立国が加盟していることが問題ないのと同様、米州機構にコスタリカが加盟していることは矛盾しない。また、コスタリカは米州機構に加盟するさい、軍隊を派遣しないことが了承されている。さらに、米州機構に組み込まれているリオ条約は、自動的に義務を負う軍事同盟ではないし、とりわけ冷戦後、設立当初もっていたアメリカ主導による共同防衛的機能も今日では喪失していることに留意する必要があろう。(54)

3　非武装永世中立政策の実践と課題

(1)　積極的中立政策の実践

永世中立政策の内容は非武装を前提にした「積極的中立」であるが、それは、政治体制やイデオロギー上の中立を意味せず、西欧的な自由民主主義ないし社会民主主義の価値原理に立脚しながら、国連や米州機構といった地域の集団的安全保障機構に加盟して、平和と人権保障のために、積極的に国際協力（貢献）するということである。実際コスタリカは米州人権裁判所や国連平和大学の所在地となっているが、それは、国際的な紛争を仲介や交渉を通じて非軍事的に、平和的に解決しようという精神に基づいている。また、世界の貧困を除去するため、あるいは、政治的武器としての暴力とテロによる圧迫に反対し、イデオロギー的、人種的、宗教的迫害などによる人間的自由の圧殺を除去するために闘うこと、政治的迫害を受けている人々のための庇護法を適用することなども、コスタリカの積極的中立政策の方針とされている。(55)

コスタリカの非武装永世中立路線は明示的にはモンヘ大統領時代に宣言されたのであるが、その実施は不徹底さをともなっていた。しかし、後継のアリアス大統領（国民解放党）は、非武装永世中立に従った平和外交を推進し、中米和平の実現に貢献して、一九八七年にノーベル平和賞を受賞した。アリアスは大統領職を離れてからも、冷戦後の課題として南北問題の解決や、そのための軍備撤廃（軍縮）の必要性を、コスタリカの非軍事化の経験と成果を踏まえて強調している。そして、紛争解決の最善の方法は対話と交渉であるという観点から、戦争や日常生活の軍事化の口実となってきた「安全保障」や「共同防衛」の観念を批判したり、武器売買や新たな戦争を推進し、軍備撤廃を妨害している先進国の産軍複合体を批判したりしている。さらに、国家や民族中心の安全保障でなく、人間と命を尊重する「人間のための安全保障」論の観点から、兵役解除、兵器の廃棄、兵器売買・軍事援助の削減のほか、暴力の文化を民主主義とコンセンサスの文化につくり替えること、防衛目的のための資源を人間開発の事業に振り向けることができる国家からなる新しい多角的集団安全保障の検討、削減した軍事費を平和目的に配当する地球規模の非軍事化基金の創設などを提言している。(56)

(2) 非武装永世中立政策の動揺と課題

以上のような、コスタリカがつくりあげてきた非武装による積極的永世中立国のイメージは、まず、二〇〇二年四月に当選し、とりわけ親米的で新自由主義政策をとるパチェコ大統領（キリスト教社会連合党）の政権のもとで揺らぐことになる。コスタリカは、同年六月、麻薬取り締まりやテロ対策に関連して（あるいはテロ対策などを口実にして）、アメリカが訓練する国際警察学校をコスタリカに設置する協定に調印し、米海軍の寄港にも同意した。

また、パチェコ政府は、二〇〇三年三月に開始されたアメリカによるイラク攻撃に対し、国会で審議せずに政治的な支持を表明した。それは軍隊を派遣するものではないが、当該政府の行為に対して圧倒的多数の市民が反対し、市民による憲法裁判も提起された。パチェコ大統領は、アメリカのイラク戦争を支持したわけでなく、反テロ政策を支持しただけであり、中立政策に反しないと釈明した。しかし、最高裁の憲法法廷は二〇〇四年九月八日、アメリカを支持した政府の当該行為が、コスタリカの憲法や国際法に違反するとし、アメリカのイラク戦争支持「有志連合」リストからコスタリカ名を削除する措置をとるよう、コスタリカ政府に命じた。この判決で興味深い点は、当該憲法や国際法の重要な内容として、次のように、平和的生存権や非武装永世中立が含まれると述べていることである。

すなわち、平和的生存権について、判決は、一九四九年のコスタリカの非武装平和憲法制定以降、憲法的価値としての平和という考えが、人間的発展に賭け、自由かつ平和的に生存する人々の権利を宣言している一九八三年のコスタリカの「永世的、積極的、非武装的中立宣言」や、同様に平和的生存権の意義を評価する一九八四年の国連総会決議が採択した「人民の平和への権利宣言」の国際法的文書などにも結実していると指摘している（判決文第Ⅳ）。中立宣言については、コスタリカによる一方的（単独）行為ではあるが国際関係において法的効果を伴うものであり、国際公法の法源になっているから、国際公法におけるエストッペル（禁反言）の原則に違反することは避けなくてはならないと指摘して、中立宣言で表明されている「中立の義務」の内容を引用している（判決文第Ⅴ）。そして、このような平和の観念は、裁判所が政府の行為を対象として審理する法的に有効な憲法解釈基準になるとも述べている（判決文第Ⅵ）。

なお、この判決に従って、アメリカ政府が、コスタリカ政府の要請に応じる措置をとったことも画期的なことである。(57)

さらに、二〇〇六年、コスタリカ政府がウラニウムとトリウムの抽出、核燃料および核反応機の製造を可能とする政令を制定したことに対し、市民が最高裁憲法法廷に違憲訴訟を提起する事件が起きた。同法廷は二〇〇八年九月二四日、政令が国際諸条約や憲法の平和の価値や健全な環境への権利を侵害するとして、違憲無効との判決を下した。この判決は、原発の設置を違憲としているだけでなく、平和を単に戦争が存在しない状態と捉えるのではなく、戦争状況をもたらすような決断や行動を防止することが平和であるという、積極的な平和の概念を採用していることが注目される。したがって、性質上、戦争という反価値を奨励することになるものや、戦争目的に使用されることがよく知られているものについては、国家は排斥する法的義務を負うことになる、というのが判決の論理である。(58)なお、当該違憲の政令を制定したのが、平和主義者として知られてきたアリアス大統領（再選第二期、二〇〇六年〜二〇一〇年）の政府であっただけに、この事件は、コスタリカ政府の非武装永世中立政策の後退を印象づけることになった。

ともあれ、上述の二つの違憲判決をみると、コスタリカ政府の非武装永世中立政策の動揺に対して、司法府の最高裁憲法法廷が非武装平和憲法の番人として積極的な役割を果たしたといえる。

しかし、最高裁憲法法廷が、このような平和憲法の積極的な擁護の姿勢を今後も貫徹させていくのかどうかについて、危惧する意見も出始めている。それは、コスタリカ政府による米軍駐留の容認に対する違憲訴訟において、同法廷が二〇一一年に入り、はっきりとした理由を述べずに、原告の訴えを退け、政府の行為を容認したためである[59]。

そこで問題となった事態は、次のようなことである。二〇一〇年七月コスタリカ議会で、米海軍の駐留を認める法案が賛成多数で成立したが、これはアリアス大統領の後継者であるチンチージャ新大統領（二〇一〇年五月就任）の与党・国民解放党などの賛成で可決されたものである。米軍の規模は、米国の海上警備船四八隻、海軍砲艦四六隻、ヘリコプター二〇〇機、軍用機一〇機、空母一隻、兵士七〇〇〇人である。空母は、ミサイル、対空砲、魚雷、爆撃機などを搭載し、一五〇〇人の兵士を上陸させることができる、とされている。期間は七月から一二月までである。寄港目的は、コスタリカ国内の貧しい地域への人道支援やアメリカに流入する麻薬密輸ルートの遮断などである。ところが、このような目的のために、二〇〇二年のときとは格段に規模の異なる米軍駐留を認めることに疑問の意見が、外国ではベネズエラなどから、またコスタリカの野党や市民からも出される中で、最高裁憲法法廷に違憲訴訟が提起されたのである[60]。

六　おわりに

コスタリカは、経済的には先進国でなく途上国に属するが、自由な民主主義を価値原理とする現代憲法を有している。それは、第二次世界大戦後の憲法としては一般的なものであるが、さらに特徴を際立たせるとすれば、非武装平和主義的福祉国家憲法といえる。戦前からすでに福祉国家的憲法であったが、戦後、非武装平和主義が加わった。このようなことから、コスタリカは、民主主義、人権、平和を推進する国であることを意識して、憲法政治を実践してきた。そして、他の中米・ラテンアメリカ諸国と比べて安定した政治が行われてきた理由として、非武装平和主義憲法の存在が大きい。非武装平和主義憲法がコスタリカの民主主義、人権、平和を保障することになったといえる。

しかし、現実的には、様々な人権問題、二大政党政治による政治の硬直化・保守化に対する国民の不満の高まり、非武装永世中立政策の動揺などもみられる。その背景にあるのは、政府や議会によるアメリカ寄りの新自由主義的な政策の推進である。

それに対する抵抗と打開策として期待されているのは、司法権とりわけ最高裁憲法法廷である。それは、最高裁に持ち込まれる訴訟・請求などの件数のうち、第四法廷すなわち憲法法廷に判断を求める市民の訴えが圧倒的に多く、(61)憲法法廷も、非武装平和主義的福祉国家の憲法原理（立憲主義）を遵守する「憲法の番人」の役割を果たしてきたためであろう。

この点は、憲法第九条の非武装平和主義についても、憲法第二五条などの社会権的人権（福祉国家的人権）についても、裁判規範性をもつ憲法原理ないし規定として扱わない日本の最高裁との相違である。両国間には司法制度や違憲審査制度の相違があるにしても、日本において、コスタリカ憲法ならびにその運用などを学ぶ意義がある。ただし、平和憲法とのかかわりでいえば、コスタリカの最高裁憲法法廷によって、これまでの評価すべき立憲平和主義の姿勢が維持されていくのかどうかは、今後注視していく必要がある。

（1）澤野義一『永世中立と非武装平和憲法』（大阪経済法科大学出版部、二〇〇二年）一一二頁以下など。

（2）『コスタリカ・カナダにおける憲法事情及び国連に関する実情調査　概要』（参議院憲法調査事務局、二〇〇四年）収録の竹村卓「コスタリカ共和国憲法概説」および「在コスタリカ共和国日本国大使館作成資料」、吉田稔「コスタリカ共和国憲法（解説と全訳）」『姫路法学』三七号（二〇〇三年）、同「コスタリカ憲法と平和」姫路独協大学「戦争と平和」研究会編『戦争と平和を考える』（嵯峨野書院、二〇〇六年）など参照。

なお、コスタリカの平和、教育、福祉、環境、政治等々の実際の憲法政治を知るには、コスタリカ共和国政府観光局編『コスタリカを学ぶ』（二〇〇三年）、国本伊代編『コスタリカを知るための55章』（明石書店、二〇〇四年）、足立力也『平和ってなんだろう――「軍隊をすてた国」コスタリカから考える』（岩波書店、二〇〇九年）、イバン・モリーナ＝スティーヴン・パーマー（国本伊代・小澤卓也訳）『コスタリカの歴史』（明石書店、二〇〇七年）などが参考となる。

（3）澤野義一『平和主義と改憲論議』（法律文化社、二〇〇七年）八頁、二四〇頁以下。

（4）コスタリカ憲法調査報告については、『コスタリカ・カナダにおける憲法事情及び国連に関する実情調査　概要』（前掲）参照。

（5）J.A.Booth, Costa Rica: Quest for Democracy, Westview Press, 1998, p.29-30, p.35-36.

（6）F・G・ヒル（G・アンドラーデ、村江四郎訳）『ラテン・アメリカ』（東京大学出版会、一九七一年）五五―五七頁。

（7）竹村卓「コスタリカ共和国憲法概説」（前掲）一二三頁以下。

（8）コスタリカ憲法史の条文集としては、Colección de Constituciónes de Costa Rica, Imprenta Nacional, San Jose, 2000.

（9）J.A.Booth, op.cit., p.35-40; J.Fuchs, Verfassung und Verfassungsentwicklung, in: A.Maislinger (Hg.), Costa Rica, Inn-Verlag Innsbruck, S.257-262; J.Fuchs, Die Verfassung der Republik Costa Rica, in: JÖR, Bd.35, S.433-439.

（10）J.Fuchs, Die Verfassung der Republik Costa Rica, op.cit.,S.440-441.

（11）J.A.Booth, Costa Rica: Quest for Democracy, op.cit., p.40-41. なお、軍事力の強化に関して、国家支出のうち軍事費が一八七五年の一五％から一八七九年には三六％に増大したとの指摘について、J.Fuchs, Verfassung und Verfassungsentwicklung, op.cit.,S.264.

（12）J.Fuchs, Verfassung und Verfassungsentwicklung, op.cit.,S.264-266; J.Fuchs, Die Verfassung der Republik Costa Rica, op.cit., S.443-446; J.A.Booth, Costa Rica: Quest for Democracy, op.cit., p. 42-43.

（13）J.Fuchs, Verfassung und Verfassungsentwicklung, op.cit., S.266-268; J.Fuchs, Die Verfassung der Republik Costa Rica, op.cit., S.449-453; J.A.Booth, Costa Rica: Quest for Democracy, op.cit., p.43-44; T.Høivik/S.Aas, Demilitalization in Costa Rica, in:

A.Maislinger (Hg.), Costa Rica, op.cit., S.345.

(14) 丸岡泰「コスタリカの社会福祉」中村優一・一番ケ瀬康子編『世界の社会福祉11』（旬報社、二〇〇〇年）二七一―二七三頁。

(15) J.Fuchs, Die Verfassung der Republik Costa Rica, op.cit., S.454-455; J.Fuchs, Verfassung und Verfassungsentwicklung, op.cit., S.268.
なお、英文の一八七一年憲法条文は、R.H.Fitzgibbon (Ed.), The Constitutions of the Americas, Chicago, 1948. に収録されている。

(16) 大阪経済法科大学法学資料3『メキシコ合衆国憲法（一九一七年）』（大阪経済法科大学、一九八九年）参照。

(17) J.Fuchs, Verfassung und Verfassungsentwicklung, op.cit., S.268.

(18) ワイマール憲法の条文については、C・ボルンハーク（山本浩三訳）『憲法の系譜』（法律文化社、一九六一年）一五〇頁以下。

(19) 藤井紀雄「メキシコ合衆国一九一七年憲法解題」大阪経済法科大学法学資料3『メキシコ合衆国憲法（一九一七年）』（前掲）九四―九五頁。

(20) 影山日出弥「ヴァイマール憲法における「社会権」」東京大学社会科学研究所編『基本的人権3』（東京大学出版会、一九六八年）一八五頁以下。

(21) R.H.Fitzgibbon (Ed.), The Constitutions of the Americas. 同書に収録の序論、Introduction: Constitutional Development in Latin America, p.8. 参照。

(22) メキシコ憲法は当初は一部しか実施されなかったとの指摘について、フランソワ・ウェイミュレール（染田秀藤・篠原愛人訳）『メキシコ史』（白水社、一九九九年）一五〇頁以下参照。

(23) J.A.Booth, Costa Rica: Quest for Democracy, op.cit., p.47-49. 竹村卓『非武装平和憲法と国際政治――コスタリカの場合』（三省堂、二〇〇一年）三四頁以下、尾尻希和「コスタリカの政治発展」『ラテンアメリカ研究』一六号（一九九六年）一六頁以下。

(24) M. Ernst, Auf der Suche nach einem neuen Modell-Costa Rica zur Einführung, 1984, Magazin Verlag. S.20.

(25) K. Tippamann, Die PLN (Partido Liberación Nacional), in: A.Maislinger (Hg.), Costa Rica, op.cit., S. 213.

(26) J.Fuchs, Die Verfassung der Republik Costa Rica, op.cit., S.428.

(27) コスタリカ共和国政府観光局編『コスタリカを学ぶ』（前掲）七〇頁、巻末一二頁。

(28) Bruce M. Wilson, Judicial Reform in Latin America-Evidence from Costa Rica.2004, in: J.Lat.Amer.Stud.No.36, p.507-531. イバン・モリーナ＝スティーヴン・パーマー（国本伊代・小澤卓也訳）『コスタリカの歴史』（前掲）一六三頁以下（一八七頁）。

(29) J.A.Booth, Costa Rica: Quest for Democracy, op.cit., p.57.
(30) 『コスタリカ・カナダにおける憲法事情及び国連に関する実情調査　概要』(前掲) 一一三頁、一五三頁。
(31) エクトル＝フィクス・サムディオ (北原仁訳)「ラテン・アメリカにおける憲法裁判所」『比較法文化』六号 (一九九八年) 一四四―一四五頁。
(32) J.Fuchs, Die Verfassung der Republik Costa Rica, op.cit., S.472.
(33) J.Fuchs, Die Verfassung der Republik Costa Rica, op.cit., S.477-478; R.Alexander, The Costa Rican Communist Party, in: A.Maislinger (Hg.), Costa Rica, op.cit., S.247-254.
(34) 国本伊代編『コスタリカを知るための55章』(前掲) 九六―九九頁。
(35) 足立力也『平和ってなんだろう』(前掲) 一二二頁以下、イバン・モリーナ＝スティーヴン・パーマー (国本伊代・小澤卓也訳)『コスタリカの歴史』(前掲) 一八一頁以下、コスタリカ共和国政府観光局編『コスタリカを学ぶ』(前掲) 七〇頁、国本伊代編『コスタリカを知るための55章』(前掲) 一〇〇―一〇三頁、一二四―一二七頁、一五二―一六七頁参照。
(36) J.A.Booth, Costa Rica: Quest for Democracy, op.cit., p.61-64.
(37) エクトル＝フィクス・サムディオ (北原仁訳)「ラテン・アメリカにおける憲法裁判所」(前掲) 一四三―一四四頁。
(38) コスタリカ共和国政府観光局編『コスタリカを学ぶ』(前掲) 巻末一三頁。
(39) 「憲法法廷及び憲法裁判法の概要」コスタリカの人々と手をたずさえて平和をめざす会編『平和に生きる・コスタリカ』(二〇〇二年) 一六一―一七二頁。
(40) 『コスタリカ・カナダにおける憲法事情及び国連に関する実情調査　概要』(前掲) 一五〇頁。
(41) 『コスタリカ・カナダにおける憲法事情及び国連に関する実情調査　概要』(前掲) 一一三頁。
(42) 竹村卓『非武装平和憲法と国際政治』(前掲) 七五頁以下、足立力也『丸腰国家――軍隊を放棄したコスタリカ60年の平和戦略』(扶桑社、二〇〇九年) 二二―三八頁。なお、軍隊廃止のアイデアは、フィゲーレスのものでなく、社会民主党と関係をもつ青年グループの憲法草案にあったとの指摘もある (澤野義一『永世中立と非武装平和憲法』[前掲] 一三七頁)。
(43) 戦前のコスタリカにも、一九二二年頃、リカルド・ヒメネス大統領が軍隊廃止を指向していたとの指摘がなされている (一九八三年「永世的、積極的、非武装的中立に関する大統領宣言」)。これについては、澤野義一『永世中立と非武装平和憲法』(前掲) 一五八頁。足立力也『丸腰国家』(前掲) 二九―三一頁も参照。
(44) ヴァージニア権利章典第一三項は、「平時における常備軍は、自由にとり危険なものとして避けなければならない。」と規定している。なお、イギリスの一六八九年権利章典第六項は、「平時において、国会の承諾なくして国内で常備軍を徴集してこれを維持することは、法に反する。」と規定している。

(45) 一九九九年に全面改正されたスイス現行憲法第五八条では、「スイスは、軍隊を保有する。これは、基本的には民兵の原則に基づいて組織される。」と規定されているが、それまでの憲法（一八七四年制定）第一三条では、「連邦は、常備軍を保有することができない。」と規定されていた。
その他、一八六八年以来、非武装中立政策をとっているリヒテンシュタインの一九二一年憲法第四四条は、「非常事態以外に、警察任務の補充および国内秩序の保全に必要な場合だけは除き、軍隊を編成または保持しない。」と規定している。リヒテンシュタインの憲法政治や軍隊については、前田朗『軍隊のない国家』（日本評論社、二〇〇八年）一五四―一六三頁参照。

(46) カント（宇都宮芳明訳）『永遠平和のために』（岩波書店、一九八五年）一六―一七頁。

(47) パナマ憲法第三〇五条は、「パナマ共和国は軍隊を保有しない。……公共の秩序の維持、国家の管轄下にある者の生命、名誉、財産の保護のため、および違法行為の予防のため、法律により、独立した名簿と階級組織をもつ、必要な警察組織を編成する。」（現在は憲法第三一〇条）と規定している。なお、笹本潤『世界の「平和憲法」新たな挑戦』（大月書店、二〇一〇年）五五―五八頁によれば、パナマ憲法の平和条項作成にあたり、コスタリカ憲法第一二条のほかに日本国憲法第九条も参考にされたという指摘がなされている。

(48) 出原政雄「安部磯雄の平和思想」田畑忍編『非戦・平和の論理』（法律文化社、一九九二年）八六頁以下。

(49) 澤野義一『永世中立と非武装平和憲法』（前掲）一三八―一四二頁。足立力也『丸腰国家』（前掲）一〇八頁以下も参照。

(50) この警察隊の数は二〇〇二年頃のものであるが（コスタリカ共和国政府観光局編『コスタリカを学ぶ』［前掲］巻末三頁）、現在は一〇〇〇〇人を超えている。『コスタリカ・カナダにおける憲法事情及び国連に関する実情調査　概要』（前掲）四三―四八頁、一五八頁、足立力也『丸腰国家』（前掲）一〇四―一〇七頁参照。

(51) コスタリカの人々と手をたずさえて平和をめざす会編『平和に生きる・コスタリカ』（前掲）七四―七五頁。小澤卓也「コスタリカの中立宣言をめぐる国際関係と国民意識」『ラテンアメリカ研究年報』一七号（一九九七年）三八頁も参照。

(52) A.A.Tinoco, Völkerrechtliche Grundlagen dauerunder Neutralität, Nomos,1989, S.62f.

(53) 澤野義一『永世中立と非武装平和憲法』（前掲）一一六―一二六頁。

(54) 澤野義一「『永世中立』構想による安全保障政策」深瀬忠一ほか編『平和憲法の確保と新生』（北海道大学出版会、二〇〇八年）二六五―二六七頁。なお、リオ条約（第二〇条）では、締約国の集団的自衛権に基づく共同防衛を義務づける北大西洋（NATO）

条約と異なり、締約国の同意なしには軍隊の派兵を要請できない。H.G.Espiell, Costa Rica's Permanent Neutrality and the Inter-American System, in: The Dalhousie Law Journal, Vol.11, Number 2, March 1988, p.669ff. 参照。

（55）澤野義一『永世中立と非武装平和憲法』（前掲）一三〇―一三四頁。

（56）澤野義一『永世中立と非武装平和憲法』（前掲）一一三―一一四頁、同「『永世中立』構想による安全保障政策」（前掲）二六八―二七〇頁。

（57）当該判決文の抄訳については、9条世界会議国際法律家パネル編『9条は生かせる』（日本評論社、二〇〇九年）一〇五―一一六頁、判決原文は、SALA CONSTITUCIONAL DE LA CORTE SUPREMA DE JUSTICIA, Exp: 03-004485-0007-CO, Res: 2004-09992. その他、『朝日新聞』二〇〇四年九月一六日付、『週刊金曜日』五三一号（二〇〇四年一一月）二八―二九頁［伊藤千尋執筆］など参照。

（58）コスタリカの核燃料製造違憲判決については、9条世界会議国際法律家パネル編『9条は生かせる』（前掲）一四九―一五二頁参照。

（59）笹本潤「報告　コスタリカの今」『INTERJURIST』（日本国際法律家協会）二〇一一年八月五日号五一―五三頁参照。

（60）L.Roberto Zamora Bolaños, The Lowest Form of Military Aggression, in: Http://www.voltairenet.org./airticle166851.html; Http://ameblo.jp/guevaristajapones/entry-10591896711.html.

（61）『コスタリカ・カナダにおける憲法事情及び国連に関する実情調査　概要』（前掲）一四八頁、一五四頁。

第三章　憲法九条の世界化と非武装永世中立論の考察
――田畑忍博士の平和論に即して――

一　はじめに

田畑忍（一九〇二年一月二二日～一九九四年三月一四日）は、一九三〇年代前半から同志社大学法学部で政治学と憲法学を担当し、一九七二年に同大学を退職するが、敗戦直後、大学再建の任を負って二回にわたる学長を務めている。戦後の田畑は、講義や研究のかたわら、日本国憲法の研究・啓発と護憲運動のために、一九六二年に「憲法研究所」を創立する。さらに、違憲の日米安保軍事体制を打破する方策として、憲法九条に則った「永世中立」宣言の必要を内外に訴え、世界平和の確立に寄与することを目的に、一九六六年以降、同研究所から機関紙として「永世中立」を刊行する。田畑は大学退職後も、「憲法研究所」を基盤にして、さかんに研究・出版や講演活動を行い、様々な護憲運動や平和運動のリーダー的存在としても注目された。[1]「護憲に生きて護憲に死せん」[2]をモットーに生涯を送られたといえよう。

田畑憲法学は、自由主義的立憲主義に立脚しつつも概念論理を重視して法実証主義的に憲法解釈を行う佐々木惣一（京都学派）の憲法学に影響を受けながら、歴史の発展方向・法則（「人類への幸福への道」）を尺度において憲法解釈を行う「歴史的客観主義」の観点を重視している点に特色がある。(3) それは、田畑の世界観の根底にあるキリスト教的ヒューマニズムのうえに、田畑が政治学者として国家論や政治思想の研究から学んだマルクス主義的な史的唯物論などが摂取されたものと思われる。(4)

もっとも、田畑の憲法学といえども、戦前においては明治憲法の枠内でしか展開できないという時代的な制約があったから、田畑が歴史的客観主義の方法論をより明確にするとともに、「戦闘的な護憲の学」「抵抗の学」としての憲法学を展開するのは敗戦後である。(5) 戦後の田畑憲法学のユニークな特色をあげるとすれば、憲法学方法論以外に、平和主義論、憲法改正論、憲法裁判論、抵抗権論などさまざまあるが、田畑の最も関心のあるテーマは、憲法九条にかかわる平和主義論であったと思われる。(6) 憲法九条や平和主義論だけをとってみても、田畑の論及は広範に及んでいるが、本章では細部にわたる論点をあれこれ取り上げることはできないので、相互に関連するものとして考えられている「憲法九条世界化論」と「非武装永世中立論」を中心に考察する。

その理由は、日本において活発になってきている、憲法九条を中心とする改憲論と自衛隊海外派兵ないし集団的自衛権容認論に対する代替的批判論として、以下のように、憲法九条世界化論と非武装永世中立論を考察する今日的意義があると考えられるからである（「おわりに」も参照）。

1　憲法九条世界化論の今日的意義

非戦・非武装平和主義を理念とする日本国憲法九条は、日本において具体化されていないどころか、むしろ形骸化されて今日に至っている。しかし、国外に目を転ずると、憲法九条の直接的な影響とはいえないが、結果的には憲法九条の理念に適合する非軍備国家が憲法制定当時に比べて増加し、現在二七カ国になっている。(7) いずれも小国であるが、その中でも非武装永世中立国のコスタリカ（一九四九年非常備軍憲法に基づき、一九八三年に永世中立宣言）などは、よく知られるようになっている。

また、憲法九条の理念ないし条文を世界に広げようという運動も、近年顕著になってきている。一九九〇年代では、第一次湾岸戦争をきっかけにアメリカ人のチャールズ・オーバビーが一九九一年にアメリカで創設した「九条の会」や、一九九九年のハーグ世界市民平和会議などが注目される。ハーグ市民平和会議では、各国議会が日本国憲法九条にならい、政府が戦争することを禁止する決議を採択すべきことが提言された。二一世紀に入ると、二〇〇五年二月のＧＰＰＡＣ（武力紛争予防のためのグローバル・パートナーシップ）北東アジア会議では、憲法九条改定が北東アジアの脅威となること、紛争解決の平和的手段として普遍的価値を有する憲法九条が北東アジアの平和の基盤として活用されるべきことが確認された。この種の外国の会議は、大江健三郎らによってつくられた「九条の会」（二〇〇四年六月）などの広がりとも呼応して、世界的に行われるようになってきている。韓国でも、アジアの平和のために日本の平和憲法改悪阻止のために連帯し、憲法九条の精神を世界平和のために生かすことを活動方針にする「九条の会」が二〇〇七年一一月に発足した。二〇〇八年五月には、日本で国内外の多くの人たちが集まって憲法九条の意義について語り合う「九条世界会議」が開催された(8)。

以上のような憲法九条の世界化現象に直接的な影響を及ぼしたということではないが、当該現象は田畑が戦後一貫して先見的に主張し続けた憲法九条世界化論に沿っているように思われる。

2　非武装永世中立論の今日的意義

田畑にとって憲法九条の具体的政策論の中心をなす永世中立ないし非武装永世中立論は、田畑が戦後当初から主張していたわけでなく、一九五〇年代後半以降からの主張である。その意味では、田畑は非武装永世中立論の先駆的な提案者ではない。(9) しかし、田畑が非武装永世中立の理論と政策を提言して以降は、学者や政治家などの世界で非武装永世中立論の関心が薄れていく中でも、田畑は非武装永世中立論の意義と必要性を最も熱心に唱えるトップランナーであった。

田畑は、本論で述べるように、永世中立宣言か国連による保障を通じて日本の永世中立の国際的保障がなされるべきことを提案していたが、永世中立宣言については、上記のコスタリカにおいて、大統領による積極的非武装永世中立宣言という形で実現した。永世中立（国）の国連による承認の事例は、一九九五年にトルクメニスタンで登場する。さらに、田畑は、戦争や軍事同盟を必ずしも否定しない非同盟中立が永世中立に高められるべきだと強調していたが、それに近似する具体的な形態としては、田畑が存命中に指摘したわけではないが、冷戦後登場した一九九三年カンボジア憲法が規定する「非同盟型永世中立」のような新たな永世中立（ただし冷戦中にラオスの先例がある）が当てはまるであろう。(10)

冷戦後は、「国際協調主義」や「国連中心主義」が強調される中で、永世中立（論）への懐疑論が増大している一方で、日本を含む国際社会において軍事同盟ないし集団的自衛権体制が依然として機能し、海外派兵が行われている状況下では、これらの動向に与しない永世中立（論）ないし非武装永世中立（論）の意義は存在しているといえよう。(11) 冷戦後、従来の永世中立国がなくなったわけではないし、外国の武装永世中立国の中にも非武装永世中立を唱える人たちがいることも軽視されてはならない。

以上のような今日的な問題関心から、本章は、田畑の憲法九条世界化論と非武装永世中立論の展開過程を辿りながら、当該田畑理論の特色を再現するものである。

二　戦前および敗戦直後の平和観

1　戦前の平和観

田畑は、戦前においては戦争嫌いであり、戦争に協力する行動はしなかったが、非戦運動を行うような平和主義者ではなかった。内村鑑三などのキリスト教的非戦平和思想に感銘を受けながらも、マルクス主義的ないし社会学的な闘争国家論や戦争必然論などを「科学的」であると誤解していたことを、戦後に回顧している。(12)

憲法学者田畑にとって、明治憲法下での立憲主義（田畑のいう「憲法主義」「憲法尊重主義」(13)）に立脚する限り、明治憲法の枠内で解釈せざるをえないから、非戦論を主張することは困難であったと思われる。実際、戦争や平和の問題についてまとまった形で言及した論文はなく、田畑の戦前の平和観を論文から窺うことはむずかしい。

確かに、ヨーロッパに民族主義的な全体主義や独裁国家が台頭している中で、「今や大規模の戦争の遂行を伴ひつゝ、政治的・経済的に激動過程が展開されてゐる此の世界史的転換期に於ても、尚ほ我が国のみが国体的に確固不動の状態にあるといふことを我々は更めて自覚し認識すべきであらう(14)」といったように、田畑が当時の日本の戦争国家を容認するような記述もみられる。

しかし他方で、ドイツの全体主義的ないし国家主義的な国家論や主権論（カール・シュミットやケルロイター等の国家論）を克服しうる国家論として、インターナショナリズムや主権否定論（純粋法学的国家観に立つケルゼンの国際法優位論、ラスキ等の多元的国家論、クラッベの法主権論など）を一定評価している点（ただし、これらの国家論について田畑は批判も行っている）などに、田畑が内心ではインターナショナリズムを重視する平和観に期待を寄せていたとみる

ことができるかもしれない。(15)

それはともかく、戦争必然論と戦争否定論や非戦論は、戦前の田畑にとっては弁証法的に結合させて考えることができていなかったということになろうか。

2　敗戦直後の平和観

さて、田畑が徹底した平和主義を唱えるようになるのは戦後である。敗戦直後で日本国憲法の政府草案がまだ公表されていない時期に、田畑は、いち早く、非武装平和国家の世界史的意義と日本の課題を次のように述べている。「日本は一九四五年八月十五日以後に於いては、最早旧体制の武装国家ではなく、新たな平和国家の一員となることによりて、平和的世界へ方向づけられてゐる世界史からみれば、まさに先進国の一つとなつたと言ふことができるのである。……日本はそれ自体が平和国家になりきる事に努めるべき義務を有するとともに、更にすゝんで世界の諸国家がすべて武装をかなぐりすてる機運をつくることに寄与すべき精神的特権があるのである。蓋し人類の究極の目標は真の世界平和にあり、而して真の世界平和は世界中のすべての国家が武装を放棄するのでなければ実現不可能だからである」(16)。

そして、憲法公布にさいしての田畑のコメントでは、新憲法が「戦争放棄、武装放棄を宣言して、これまでの通常の国ではない平和国家となるべきことを自ら定めたが、これはいろいろな意味で世界の人々を驚かしてゐる」(17)と述べられている。

このような憲法九条ができたことが、田畑が非戦・非武装平和主義の意義に強い確信をもち、とくに一九五〇年以降、平和主義の観点から政治学と憲法学を捉え直す研究に精力的に取り組むきっかけとなるが、(18)その端緒となる新憲法の解説書において、田畑は次のように述べている。「絶対的に戦争をしない又は武装を放棄すると規定したものは、未だかつてなく実に日本国憲法をもつて嚆矢とする。……およそ国家にして真に武装せざるものはこれまでなかつたのであり、国家の独立と武装とは引き離し得ざるものである、と考えられていた。この事実と常識よりすれば、武装を放棄することは、即ち国家性の放棄を意味するであろう。……日本の国家と国民は、国家としての武力的独立と国内治安の主体性をかなぐりすてて、他国家と国際連合の善意に完全に依頼せんとする。それはまがうかたなき無抵抗主義であり絶対的平和主義である[19]」と。

ここには、国連などへの楽観的な評価がみられる点はともかく（後には批判的な評価に変わるが）、憲法九条を単に非武装主義として捉えるのではなく、無抵抗主義を含む絶対的平和主義として捉えていることは、憲法九条と非暴力防衛論や市民的不服従論を結びつけて考える今日の平和主義論の視点が提示されていることも注目されてよいであろう。

なお、田畑の憲法論の基底をなす立憲主義ないし「憲法主義」は、戦後においては、日本国憲法の枠内での「憲法主義」へ、憲法九条に関していえば、憲法九条を客観的に解釈し擁護する、いわば立憲主義的平和主義へと展開されることになる、と評しえよう[20]。この意味では、田畑は戦前も戦後も「憲法保守主義」者であるが、戦後においては、憲法九条の平和主義に対する倫理的ないし宗教的な世界観の面からの共感も強く表明されるようになる。

以下、憲法九条の歴史的意義づけと世界化論に関連する田畑の一九五〇年代以降の主張を概観する。

三　憲法九条の歴史的意義づけと世界化論

1　一九五〇年代からの平和主義研究の本格的取り組み

田畑は一九五〇年頃から平和主義研究に本格的に取り組むが、一九五〇年の論文「戦争の政治学と平和の政治学」において、憲法九条の歴史的意義と世界化の意義について、次のように述べている。すなわち、「第二次世界大戦中に、原子力を利用した兵器が出現して、今度こそは人類は戦争をやめるにいたるであろう、とみられるにいたった。もっとも戦勝国の武装の愈々充実されつつあることはその反証を示すものであるともいわれるのであるが、……然しかかる段階に於いては小国の小武力は全く無意味である、といわねばならぬ。かくして、日本国憲法が第九条に完全なる武装放棄の条文を設けて絶対平和主義を宣言した事は、すくなくとも世界の恒久平和と世界の武装解除の象徴又はそれへの方向づけとしての意味を有する[21]」と。

また、同年の論文「戦争否定の弁証法」では、「日本国憲法は国際法以上に徹底して戦争を否定している世界唯一の憲法である」、「日本国憲法の戦争放棄の規定によって、戦争否定の世界史的論理は、法的命題として其の行きつくところにまで到達したと言ってよい」、「日本国憲法の戦争放棄規定は、まさに人類の歴史を転回せしめる起点としての意味を持つ。日本国と日本国民は、その絶対平和主義国家の路を歩まねばならぬ。万国に向かって平和の福音を説かなければならない」などと述べられている[22]。

なお、田畑がいう戦争否定の世界史的論理ないし世界史的過程とは、近代以前の宗教的平和思想にみられる平和の予言的過程、そして常備軍の撤廃などを提案したカントの近代平和思想などにみられる平和の倫理的要請の過程、さらに二〇世紀における国際法や国際平和機構による戦争の規制（戦争の違法化）にみられる平和の法的命令の過程を意味するが、憲法九条は一切の戦争と武力保持を禁止したことで、戦争放棄の法命題としては、各国憲法や国連憲章の規定を超えて、行きつくところまで到達したものとして認識されている[23]。

さらに、憲法九条の歴史的意義と世界化の意義について、独立日本の再軍備や改憲論が唱えられはじめる状況下で、再軍備論を批判する一九五一年の論文「日本再武装論の盲点」において、次のように述べている。すなわち、永久に戦争を放棄する日本国憲法が遵守される限り、「国家が武装しないことは例外の現象にはちがいないが、とにかく事実であるのみならず、今後は武装放棄国家が漸次増えてくるであろう、と言う見透しが立てられるのである。軍隊がなければ独立の国家でないという考えは、大小の刀を腰に差していなければ人間でないという考えに似ている時代錯誤の考えである」「武器の急速な発達が世界の小国家の小軍備を無意味にしてしまったのである」「幸い、日本国憲法は、永久に戦争を放棄し武装を放棄しているのであるから、日本の国民ほど、容易に平和のために努力することのできる国民は他にないわけである。ただ憲法を改悪しなければよいのである[24]」と。

一九五〇年代後半から、九条の安全保障政策や世界化論の中心的な提言として、非武装永世中立論が主張されることになるが、これについては後述する。

2　一九八〇年代以降の憲法九条世界化論

憲法九条の歴史的意義づけと世界化論が国際法や各国憲法との関連で、より具体的に述べられるのは、一九八〇年頃からである。

一九八一年五月の論文「沖縄と憲法」では、「国際連盟規約や不戦条約などが、自衛戦争或いは制裁戦争を認めていたということのために、実は戦争の防止ができなかった。第二次世界大戦もそのために起きている。現在の国連憲章にしても、自衛戦争或いは制裁戦争を認めるような趣旨の規定を持っていることがその欠陥です。それと軍事同盟を認めている」。そのために「帝国主義国家の軍事同盟と、社会帝国主義国家の軍事同盟との核軍拡競争となり、それが戦争の危機をつくっている」[25]との認識に基づき、次のように述べられている。

すなわち、「戦争肯定・軍事同盟肯定の国際諸法は、日本国憲法九条にならって、須らく戦争否定の国際法に必ずや速やかに改正すべきであります。即ち、この憲法九条の平和条項・戦争放棄条項が直ちにそのまま国連憲章の条項中に導入されるべきであります。本来ならば、日本の政府は国連総会で堂々と其の提案をすべきであります。もちろん、単にそれだけでなく、世界各国のすべての憲法に九条同様の平和条項が加えられるべきであります」[26]と。

また、一九九〇年代初頭においては、湾岸戦争やＰＫＯ（国連平和維持活動）への国際貢献が問題となっていた状況下で、田畑は、「米国をトップとする国連軍や多国籍軍」あるいは「武装永世中立諸国等々の軍隊をわるく利用するＰＫＯ・ＰＫＦなどの国連の愚考」をなくすことができるための方法として、国連改革や、軍備国家のすべてが「永久不戦条約」または「二国家間の永世中立条約」の関係になることなどを提案している。その前提には、日本が憲法九条に従って、まず「非武装永世中立の宣言をして、米国との違憲の軍事同盟を友好親善の平和条約にきり変え、また戦力たる自衛隊（陸海空軍等の大戦力）を、戦力でない治安救援部隊に改造」することなどが必要であると述べている[27]。

さらに、一九八〇年代後半以降の世界の平和運動や冷戦後の国際社会の動向を踏まえた田畑晩年の論稿では、上記の国際貢献論の問題を念頭に、「国際貢献と称して九条を改悪しようとしている反動政治家の勢力に対決して、第九条を護持」する必要性[28]のほか、「憲法九条の戦争放棄規定は、まさにその思想を最初に示した法規範だったが、コスタリカ共和国がこれに続き、パナマにもまたそのような動き（非武装永世中立への動き）があり、武装永世中立国スイスには軍備全廃の市民運動が始まっているだけでなく、世界各国がこの方向に進むことの必然が展望される。……戦争に反対することを主柱としてきた平和思想は、現代においては非戦を当然として、これを強調する戦争放棄法を世界的に促進すべき思想、時代になったのである。……かつて戦争を必然と考えながら戦争に協力せず、したがってまた日本国憲法九条に驚喜した私の感慨は実に無量である」[29]と、世界平和への希望が述べられている。

四　憲法九条擁護と平和運動

憲法九条の歴史的意義と世界化を実現していくためには、憲法九条が改廃されることがあってはならない。そのために必要なことは、憲法九条擁護と平和運動である。

田畑の表現を使えば、憲法九条擁護の課題は、以上で概観した田畑の平和主義論の要点ともいえるが、次のようになる。「第一に第九条の完全実施です。第二にこれを改正するとすれば、平和主義徹底への改正です。しかし、歴史に逆行する改悪であってはなりません。第三に必要なことは、世界各国が、日本国憲法九条に見ならうような方向に、即ち世界を真に平和ならしめる方向に、世界的なスケールの平和運動を、日本が先頭に立って展開することであります。原水爆反対運動だけでは不十分です。万国の戦争放棄の運動こそは日本国民の世界史的使命であります」[30]。

憲法九条擁護に関する上記の第一と第二の課題は、次に概観するように、憲法九条をめぐる改正の是非論の問題である。第三の課題は、アジアの平和との関係でも言及されている点が注目される。

1　憲法九条に関する「改正」「改悪」峻別論

田畑の憲法九条擁護論は、歴史の発展方向に逆行する憲法改悪は許されず、歴史の発展方向に即した改正ならば無制限に許されるという「憲法改正無限界」論をベースにした憲法の改正・改悪峻別論という田畑の独特な学説に基づいて、一九五〇年代初頭から提唱される。例えば一九五一年の論文「憲法と再軍備」において、次のように述べられている。

すなわち、「今、国際情勢の若干の変貌に際して、自衛戦争と兵力保持の可能なように憲法を変えることが憲法上差支えないとするならば、それは、永久に戦争と軍備を放棄した右の憲法の精神、徹底した平和主義の精神を破損することになる。したがって、そのような改変は改正にあらずして改悪である、といわねばならない。……憲法上許される改正は、憲法の精神に合った進歩的な改正だけであって、改悪的逆行的な改変では断じてない。……それは……、国民の真の社会的要求に基づくものであり、人類的精神に合致するものである。しかるに、この理念を無視した改変のなされることが、過去の現実においては往々に見られしところであるが、それは合法の名においての暴力又はクーデターのごときものにすぎない。……第九条を改正する事とすれば、自衛戦争や自衛軍は許されうるというがごとき解釈の余地をまったく残さざる、より完璧なる文章の條文に改正すべきである、というのが日本国憲法の民主主義的法理であると考える(31)」と。

同様のことは、その後においても、次のような形で述べられている。すなわち、「若しも、九条を変える必要があるとすれば、それは永世中立の宣言をして安全徹底の国家体制をつくった上で九条をもっと強い平和主義の規定に、即ち二度と安保条約の如き違憲の条約を締結し得ないように、また如何なる軍備ももち得ないように、きっぱりと改正することです。そのような改憲論こそ改悪論ではなく、真に文字どおりに改正論ということができましょう」と。[32]

田畑の憲法の改正・改悪峻別論は、その提唱以降、繰り返し論及され体系化されていくが、憲法学界においては「少数説または異説として取り扱われてきたが、憲法改悪阻止運動を始めとする国民大衆の生活の全ての分野にわたる護憲運動の指針となってきた」といえよう。[33]

なお、田畑の改憲論は、一九九〇年代改憲論の一傾向である「護憲的改憲論」と異なることに留意する必要がある。というのは、この「護憲的改憲論」は、日本国憲法の精神に従って憲法を変えることを提案するが、具体的には最小限防御力を容認するとか、従来の非武装中立論を否定する内容などを含んでいるからである。[34]

2　憲法九条擁護とアジアの平和

憲法九条擁護の意義は日本国内だけにとどまらない。憲法九条の世界化論は、アジアの平和とその平和運動との連携なくしては不可能である。この点を、田畑は、ネルーや周恩来等の平和五原則を評価しながら、一九五五年の論文「日本国憲法と主権尊重の問題」において次のように論じている。

すなわち、「日本国に対する主権の侵害と其の再軍備とは、将来、必ず他のアジア諸国家の主権と平和的共存への一層大なる脅威となるにちがいない。それ故、平和憲法擁護が世界の平和運動に連なる日本の平和運動の中核体であることが強調されるべきである。換言すれば、日本の平和運動が、日本国憲法の擁護に集中せられないならば、それは世界の、そしてアジアの平和運動に連なることができないと言っても過言ではない。かくして、世界の、そしてアジアの諸国民の平和を愛好する熾烈なる要望に従って、例えばインドのパール博士……等々が、日本の憲法改悪と再軍備に強く反対されていることは、極めて正しいのである。同様に、アジアの諸国家と諸国民とが、今後一層、日本国民の平和憲法擁護の運動に協力することは、日本並びにアジア、と言うよりも世界各国の主権の尊重と平和的共存のために、必要欠くべからざるものである」[35]と。

このような平和論が述べられた背景には、憲法九条の平和主義を世界の人々に宣揚するという動機をもって、一九五五年（四月から六カ月）にアジアやヨーロッパを訪問することが意識されていたものと思われる。[36]

五　非武装永世中立論に対する消極論から肯定論へ

1　非武装永世中立に対する当初の消極論

上述したような、憲法九条の歴史的意義づけと世界化を唱える田畑の視点は晩年まで一貫しているが、一九五〇年代後半からは、それにとどまらず、自衛隊と日米安保体制による日本政府の安保・防衛体制が着々と築きあげられていく現実に対決する実践的な平和の理論ないし政策として唱えられるようになるのが、非武装永世中立論である。

実際、田畑が非武装永世中立の意義に注目し出すのは一九五七年頃からであるが、それまでは、永世中立論に反対ではないが、それほど関心を示しておらず、消極的な評価をしていた。

例えば、一九五一年の論文「軍事協定の締結と憲法」において、田畑は次のように述べている。すなわち、「平和憲法の精神が、もつぱら永世中立にありとすれば」、特定外国軍隊の駐留を認める軍事協定は「憲法の精神から許されないとする説が、その点で成り立つ」。しかし、「平和憲法の精神が必ずしも永世中立にあるのではなく、日本国が主体となつて戦争をしない、そのために自国の軍隊をもたないと言う点に重点がおかれるとすれば、右の説は直ちに成り立つものと言うことはできない」。あるいは、「もとより永世中立的保障は平和保障の最も望むところであり、また連合国は日本国に、かかる保障を与えて然るべきである。けれども隣邦諸国家にその意思がない以上、局地性と結びつく中立的保障は立てられるべくもない」[37]と。

このように田畑が永世中立に消極的であった理由は、永世中立が武装主義と結びついていた当時の伝統的永世中立観念を田畑が念頭にしていたため、永世中立よりも非武装主義が評価されていたことにある。また、政府の一方的宣言による永世中立の成立方式がありうることなど（この方式による永世中立宣言は一九五五年にオーストリアが行う）が、当時の時代的制約で念頭になかったことも理由かもしれない。

さらに、田畑は、非武装主義に立ちながらも、自国の安全を保障してくれるような軍事協定による外国軍の駐留を容認していたことも、永世中立に消極的であった理由と思われる。もっとも、そこで容認される軍事協定は、協定相手国と同様に軍備をもち戦争ができるような軍事協定（「積極的軍事協定」）ではなく、外国軍の駐留を認める程度の軍事協定（「消極的軍事協定」）である。具体的には、国連との関連を有する駐留軍が主に想定されている。したがって、単独講和の場合の特定外国軍の駐留は戦争に巻き込まれる恐れがあるので違憲性を帯びると解されている[38]。

そうだとすれば、旧日米安保条約による駐留は違憲となりそうであるが、この点は、上記の一九五一年の論文「軍事協定の締結と憲法」では明確には論及されていない。また、一九五五年の論文「違憲の条約の憲法論的考察」では、田畑は、旧日米安保条約が再軍備を要請している点において間接的には違憲性を内在していると認識しつつも、日本の再軍備を義務づけていないので直接には違憲とはみていない。このような点も、永世中立に消極的であった理由といえよう[39]。

この当時、田畑は、全面講和や永世中立論を基本的な提言とする知識人グループによって一九四九年三月設立された「平和問題談話会」(40)に入っていたにもかかわらず、永世中立論については消極的立場をとっていたのである。

2　非武装永世中立論への覚醒

日本が永世中立宣言をすべきことの意義について、田畑が最初に簡略に提言したのは、一九五七年一月一日付の「キリスト新聞」（タイトルは「日本国の使命」）においてである。さらに、それを若干敷衍した主張は、同年三月三〇日付の「キリスト新聞」（タイトルは「永世中立宣言の必要」）においてなされている。なお、田畑が非武装永世中立論に注目するに至った理由としては、旧日米安保条約の実態が、一九五四年の日米防衛相互援助協定（ＭＳＡ協定）によって日本の再軍備を義務づけることが明確になったことと、それに対抗する具体的な代替案を提示する必要性を考えたことなどが考えられる。

まず前者の新聞では、田畑は、「日本は国連加盟を契機としてその違憲の再軍備たるＭＳＡ自衛隊を、災害防止治安隊に揚棄しなければならない。また米軍基地を撤去し、米国に対し、またソ連に対しその不平等条約を廃棄せしめて、以って領土不拡大の国際法的原則を実現しなければならない。……それよりも先ず中立の宣言をすることが必要である。……無軍備の中立国にして、始めて世界を平和ならしめるキリスト教的理念を達成する天職に堪えることが出来る」と述べている。

そして後者の新聞では、田畑は次のように述べている。「日本国憲法の定める絶対的平和主義が、日本の再軍備を許さざるものであり、いっさいの戦争を永久に否定するものであり、また軍事同盟を認めざるものであり、外国軍の駐留と基地を忌避するものであり、従ってまた永世中立主義に立脚するものであることは、極めて明らかである。……絶対的平和主義は、永世中立の宣言を伴って始めて完全なものとなり得る」と。また、永世中立の安全保障としての意義については、「利害関係国間の条約によりて成立する永久的侵略防止の平和状態を誓うそれ故、永世中立が、集団安全保障中の平和的形成であって、最も威力に富んだ戦争防止の方式である」「また永世中立主義は、強力な同盟的、軍事的集団安全保障形式の現れた今日の国際情勢に適し得ないと説く者もあるが、むしろ永世中立主義こそは、原・水爆の出現した、この新しい国際的秩序の要請する平和的集団安全保障形式としての価値を、十分もつものである。……更にまた『永世中立主義は国際法の原理に反する』と説く者もあるが、それは……例えば国連憲章を見ても、その理由なきことが一目瞭然とするのである。とにかく、平和を愛する永世中立国家が世界各地域に続々として出現することは、世界平和のために大いに望ましきことである」と述べている。

この論稿には、軍事同盟的集団安全保障に対置される永世中立が、国連憲章に矛盾しない集団安全保障の平和形成方式として捉えられている点なども、注目されよう。

六　非武装永世中立論の積極的展開

1　非武装永世中立の憲法論的考察

田畑が上記の「キリスト新聞」の論稿「永世中立宣言の必要」で述べた論旨を論文の形で考察したのは一九六一年の「日本の永世中立について」という論文においてであるが、それは、「日本の安全保障の課題としての永世中立論に憲法学者としておそらくはじめて本格的に取り組んだ貴重な試み」[41]として評価されているものである。

この論文において、田畑は、憲法九条が一切の戦争・軍備および交戦権を放棄する徹底した「永久平和主義」を鮮明にしているから、憲法九条には、外国に軍事基地を貸さないとか、外国と軍事同盟を結ばないという方法で、「戦争否定の精神」を表現する「永世中立主義のプリンシプル」が含まれていないと主張することは困難であると述べる。このような憲法九条の解釈・認識に立脚して、田畑は次のように、現代的な永世中立のあり方を提言する。すなわち、「これまでの永世中立は、積極的中立や戦時中立とともに」、自衛戦争に備えて「軍備（戦力）の放棄を、其の前提条件とするものではなかった」から、「従来の旧きタイプの永世中立主義は、原子核武装の時代には、当然に軍備放棄を前提とした新しい型の永世中立主義に発展しなければならない」(42)と。

そして、日本に関しては、憲法九条の「永久平和主義」が少なくとも「必ず永世中立と軍備放棄とを含蓄していなければならないものである」とすれば、日本は国際（法）関係において、「永世中立宣言」を行うとか、「国際連合に向かって、日本を非武装中立地域とする決定を要求するべき」責任がある。「また、たとえ、永世中立宣言未了の場合に於いても……、憲法上当然に、……永世中立主義に反する国家的行動をとることも許されない。従って日本は、特定の外国と軍事同盟条約を締結することも、また特定の外国に軍事基地を貸すことも許されない。しかのみならず、常に世界万国の軍備放棄のために努力すべき義務を負う。要するに、永久平和主義は、きわめて積極的な無軍備的永世中立主義を意味または内在するものなのである」(43)と、田畑は述べている。

さらに、田畑は、サンフランシスコ講和条約のさいに、国会と政府が直ちに、「永世中立の宣言義務を果たすべきであった」にもかかわらず、その義務を履行しなかったことは「不作為的な違憲行為」であり、また安保条約を締結し、米軍の基地提供や駐留を許容したことは日本政府の側の「積極的な違憲的政治行為」であるとされ、これらの違憲的行為が「提訴等の前提があれば、最高裁判所によって違憲の決定を受けるべき性質のもの」と述べる(44)。

以上のように、田畑の永世中立論は、憲法九条の理念に適合するように、従来の国際法上の永世中立概念を発展（揚棄）させた。つまり、従来の国際法上の永世中立概念のもつ肯定的側面（軍事同盟の否認など）を取り込み、当該概念の否定的側面（武装主義）を切り捨てて、積極的な非武装永世中立という新しい永世中立概念を再構成したといえる。

しかも、その非武装永世中立が、憲法上選択してもしなくともよいというような単なる政策論としてではなく、憲法の規範的要請として、あるいは憲法の実践的解釈原則（違憲判断基準ともなりうる憲法原則）として明確に把握されたことは、田畑よりも以前に主張されていた非武装永世中立論にはまだみられなかったユニークな点である。また、一九六〇年代以降も非武装中立ないし非武装永世中立論が一定の数の論者によって肯定的に論及されるが、(45) 非武装永世中立の実現を国民的運動としてまで提起する田畑のような積極的な永世中立論はみられない。田畑は一九六四年の論文「戦争と平和の論理」において、「第九条の完全実施の必要上、非武装永世中立の国会宣言のための国民運動を起こさなければならない。……その成功は世界史的必然であるからだ。カントの言葉を用うるならば、『自然』という大芸術家が、われわれ国民のそのような平和主義の運動を成功させるのである。平和主義は必ず戦争主義に勝利する、と私は確信している」(46) と述べている。

田畑は、このような提言を実行に移すべく、すでに創設していた「憲法研究所」を基盤に、一九六六年から晩年近くまで「永世中立」新聞の発行と、政党や市民への働きかけ（永世中立に関する講演会、出版物の発行、賛同署名運動など）を行うことになる。

このようなことから、「永世中立論は、講和問題とともに、戦後一時期かなり熱心に議論された」が、「永世中立論の支持者は、学界において少ない」。しかし、田畑の永世中立論に関しては、「今日でも、田畑忍を代表とする『憲

法研究所』のグループが、持続的にこれを追求している」、という評価がなされたこともあるのである。(47)

2　非武装永世中立論の現代的意義づけと課題

一九七〇年代末以降の田畑の永世中立論の新たな意義づけとして注目されるのは、非同盟中立との比較による永世中立の評価である。この点について、田畑は次のように述べている。

すなわち、「宣言による永世中立に似て、そうでないものに非同盟・中立というのがあります。ノンブロックポリシーの中立主義というのがこれであります。……左翼系統の学者の間では中立といえば、このノンブロックポリシーを指すように思われています。が、永世中立に比べてみますと、中立不徹底である。……殊に内政に失敗したカンボジアは、ノンブロックポリシーにも失敗して、ベトナム軍を誘いこむことになり、更に中国のベトナム進攻をひきおこすことにもなった……。また、フィンランドやアフガニスタンは、ソ連との間に特殊な中立関係を条約できめていますが、二国間だけの中立は中立の意味がなく、効果はありません」。また、「単なる政策にすぎない『非同盟中立』や『積極的中立』は、戦争を避けようとする点で、永世中立と本質的に同じですが、……政策にとどまる積極中立や非同盟には外国侵略を防ぐ効果は十分にはありません。……若しもアフガンやチェコが永世中立の国であったら、ソ連は侵略しなかったでしょう(48)」と。

そこから、田畑は、「かつて『非武装中立』を主張していた社会党も、『中立宣言』を主張してきた共産党も、一歩後退した現在の非同盟中立政策を二歩進めて、永世中立を主張するべきである(49)」と述べる。

次に、非武装永世中立を国内的に実行する意義と方法については、「憲法九条からいえば、非武装と永世中立とは同時です」が、「まず何よりも先に永世中立の宣言をすべきではないか。それが武装強化や有事立法強化の歯止めにもなる」。現に安保条約および自衛隊という軍備ができているから、「永世中立の宣言をするほかなく、事実の問題として、先ず武装中立になると思います。……然し、その武装中立を憲法に従って非武装にしていくことは後の段階で必ず出来ると思います」と述べている。(50)

田畑のこのような問題関心は、一九八〇年代後半になると、非武装永世中立宣言国として知られるようになった中米のコスタリカとの対比で、「コスタリカは、日本国憲法制定の二年後に同似の平和憲法を制定して、一九八三年に新型の永世中立国になりました。……が、日本はまだ永世中立国になっていません」「憲法九条は国内法であってこれを国際法化することが必要です」。そのためには、「非武装永世中立」宣言によって、「新型の永世中立国になるべきなのであります」、と述べられるようになる。(51)

この見解は、田畑の絶筆と思われる一九九三年の論稿「エピローグ　平和思想と現代」における、次のような主張につながるのである。これは、すでに言及しているが、再度引用しておくことにする。すなわち、「憲法九条の戦争放棄規定は、まさにその思想を最初に示した法規範だったが、コスタリカ共和国がこれに続き、パナマにもまたそのような動き（非武装永世中立への動き）があり、武装永世中立国スイスには軍備全廃の市民運動が始まっているだけでなく、世界各国がこの方向に進むことの必然が展望される」と。(52)

したがって、田畑にとって、非武装永世中立を指向する意義は、国際社会との関係では、世界に非武装永世中立国が増大することに貢献することのほか、上述したように、非武装永世中立の理念を内包する憲法九条の世界化に貢献することである。この点について、田畑は、「『永世中立国』日本の進むべき道は、国連憲章等の国際法規と各国憲法の中に完全な平和条項を導入するための世界平和運動であります。もちろん、原水爆反対運動や核兵器廃絶運動等々も、またそれとともになされるべきであります。しかし、原水爆反対運動等の反戦運動だけでは、その十分なる効果はあり得ません。また遠大なる理想の世界連邦の主張や運動だけでは、おそらく世界平和実現の役に立たないでしょう[53]」と述べている。

3　非武装永世中立の実現と地方自治体の課題

非武装永世中立の実現は、外交・安保の最終的決定権をもつ国家・政府レベルで行われなければならないとしても、地方自治体からも平和憲法を具体化する平和政策を提案していくことができるし、また提案すべきである。

このような視点から田畑の見解をみると、非武装化の側面については、一九五三年一一月二四日の「京都新聞」において、「非武装都市が世界のあちらこちらにできることは、世界平和のためからいっても、また文化財保存のためからいっても、まことに結構にちがいない」「すでに日本は、憲法第九条によって国全体が非武装国家になっているのである。そこで日本としては、国全体が右の条約の発効を待って、非武装国家としての国際登録をするように準備を進めるべきである」「我々は、国全体が非武装地帯として認められる資格をもっている」「その特権を維持するためには再軍備をしてはならない」などと述べている[54]。

ここでは、要するに、非武装都市が国内外で誕生することへの期待と、日本が非武装国家として国際承認を受けるべきことの提言がなされており、注目される。

このような見解が述べられた当時の背景には、一九五四年に「武力紛争の際の文化財保護条約」（ハーグ条約）が締結された場合には、日本も国会で承認し、奈良や京都を保護される文化財集中地区として国際登録をしようという運動が奈良や京都で起きていた。戦時において文化財保護がなされるためには、文化財の軍事的利用を避けることが条約の要件であることを捉えて、都市の非武装化までも、当時の運動関係者の中から主張されていた[55]。田畑の見解は、ハーグ条約の解釈・適用面では一般的理解をえられるものではないが、運動関係者らの主張に対する応答として述べられたものであろう。

ただし、この当時、憲法九条の世界化の内容として、非武装国家の世界化論が自治体との関連においても主張されたが、永世中立論は関心が薄く、したがって、自治体からの永世中立宣言という発想はなかったと思われる。しかし、三〇年近く経ってから、田畑は、「日本の永世中立の可能性」と題する一九七九年の講演での質疑において、「自治体で、あるいは自治体の議会で、永世中立の宣言をするところまでもっていくことは、やはり難しい」が、いろんな団体や革新政党による永世中立宣言運動が盛んになれば、「自治体の永世中立宣言も可能になる」と述べている。(56) その具体的意味内容は不明であるが、それは、非武装永世中立を実現するためには、住民も含め自治体から、非武装永世中立の宣言を政府に要求する提案や運動が必要であることを、田畑が提案しているものと解することもできよう。

この点は、今日的には、国際人道法を念頭に置きながら、自治体の無防備平和都市（宣言）を拡大していくことを通じて、それとともに、非武装永世中立国の実現を目指すという筆者の問題関心からすると、興味深い提案である。(57)

七　おわりに

非戦・非武装平和主義の憲法九条の理念は、積極的な非武装永世中立の遂行を通じて実現されるという主張が、田畑の平和論の核心である。上記の田畑晩年の論稿「エピローグ　平和思想と現代」は、日本や世界がそのような方向に進むことを切に願って書かれたものである。

しかし、田畑が一九九四年三月に死去して間もなくの同年七月、田畑の期待に反し、一九五〇年代から非武装中立政策を唱えてきた社会党の村山首相が国会において、自衛隊を合憲と認識するとともに、「非武装中立の役割は終わった」と表明した。社会党も同年九月の臨時党大会で、「中立・非同盟路線は東西対立が消滅したから歴史的役割を終えた」と結論づけたのである。

これ以降、日本における中立論や非武装永世中立論などに関心をもつ層が大幅に減少することになったと思われる。そのことは、冷戦後の日米安保を地球規模に展開する一九九七年の日米新ガイドライン（防衛協力の指針）以降急速に進行することになる、さまざまな自衛隊海外派兵ないし事実上の集団的自衛権行使体制（周辺事態法、テロ対策特別措置法、イラク復興支援特別措置法など）を容認することにつながっているとみることもできる。さらに、そのような動向をより普遍的に正当化するために、海外派兵恒久法の制定が自民党だけでなく民主党側からも提案されている。それとともに、学者の中からも、集団的自衛権行使を容認する主張が従来よりも多くみられるようになっている。(58)

また、このような海外派兵型戦争国家づくりを国内的に支えるものとして、海外派兵の波及効果としてありうるかもしれない日本への武力攻撃事態等に対処するための有事法制がつくられている。有事法制にしろ海外派兵法にしろ、その拡大強化がはかられている根幹にあるのは、それ自体が有事法制である自衛隊法と日米安保条約である。これらが存在する限り、憲法九条の改憲論が推進される宿命にある。したがって、憲法九条の非戦・非武装平和主義の理念を生かそうとすれば、集団的自衛権を容認せず日米安保に代替する永世中立と、自衛隊を容認しない非武装の理念を合わせもつ平和・安全保障論、すなわち非武装永世中立論を対峙していかざるをえないであろう。なお、非同盟中立は国際政治上の概念で、集団的自衛権を必ずしも否定しないので、憲法九条の下では、集団的自衛権行使を想定する安保体制と相容れない法的な永世中立が適合的と解される。(59)

田畑の非武装永世中立論を本稿で想起したのは、このような日本の状況に鑑みてのことである。それだけでなく、日本で中立政策への関心が薄れる中で、国際社会ではむしろ逆に、若干ではあるが、田畑が期待したように、冷戦崩壊以後にもかかわらず、非武装ではないが永世中立を国是とする国が新たに登場していることに注視すべきである。本稿の「はじめに」でも述べたように、一九九三年のカンボジア憲法は非同盟・永世中立条項を、一九九四年のモルドヴァ憲法は永世中立条項を規定した。トルクメニスタンの場合は、一九九五年に国連総会決議により永世中立が承認された。

冷戦崩壊以前から存在する典型的な永世中立国については、冷戦後消滅したわけではなく、評価されてよい外交政策を行っていることも軽視されるべきではない。二〇〇三年に始まったイラク戦争への軍事的協力に関して、スイスやオーストリアは、武装国家ではあるが、永世中立に依然こだわって協力していない。コスタリカにおいては、当該政府がアメリカのイラク戦争を支持したことに対して、二〇〇四年九月に憲法裁判所が非武装永世中立に違反し無効と判示したことにみられるように、積極的非武装永世中立が単なる外交政策ではなく、憲法解釈の原則としても生かされている点が注目される。(60)

なお、田畑が一九六一年の「日本の永世中立について」という論文で、憲法九条の平和主義から規範的に要請されるとした「積極的な無軍備的永世中立主義」は、コスタリカで一九八三年に実現しただけでなく、非武装永世中立を憲法の実践的解釈原則（違憲判断ともなりうる憲法原則）として位置づけた田畑と同様の見解が、上記のようにコスタリカの憲法裁判所でも実際に述べられたことは、田畑平和理論の先見性を示すものといえる。

このような世界の動向は、田畑の考える憲法九条世界化論の現象であるが、憲法九条の戦争放棄の理念が世界で生かされるべきだという観点からの田畑の憲法九条世界化論も、現在じょじょに広まってきている。「戦争肯定・軍事同盟肯定の国際諸法は、日本国憲法九条にならって、須らく戦争否定の国際法に必ずや速やかに改正すべきであります。……単にそれだけでなく、世界各国のすべての憲法に九条同様の平和条項が加えられるべきであります。」と、[61]田畑が述べていた主張の後半部分は、本稿の「はじめに」で述べたアメリカ「九条の会」の創設者であり、田畑の平和論に注目していたチャールズ・オーバビーのアメリカ憲法改正試案にみられるし、[62]コスタリカ、パナマ、キリバス、リヒテンシュタインのように軍備不保持を規定する憲法も存在している。[63]

また、一九九九年のハーグ世界市民平和会議で採択された、「各国議会は、日本国憲法九条にならって、政府が戦争を禁止する決議を採択すべきである」という宣言も、田畑の上述の主張に近似する提案として注目される。

さらに、田畑が一九五五年頃に、アジアの平和のためには日本の改憲に反対するアジアの人々の協力が必要であると提言していたことと同様の主張が、最近の韓国「九条の会」の設立趣旨に表明されている点なども、今後注目されてよいであろう。

以上が、さしあたり、田畑の憲法九条世界化論と非武装永世中立論の今日的意義を考える理由の主なものである。

（1）　上田勝美・松下泰雄編『平和と人権――田畑忍その人と学問』（法律文化社、一九七九年）、「田畑忍先生に聞く（一）（二）（三）」『同志社法学』一五七号（一九七九年）、一六〇号（一九七九年）、一六二号（一九八〇年）、井ヶ田良治「平和と憲法のひと　田畑忍」『同志社時報』一〇六号（一九九八年）、村上一博「憲法研究所の非戦・永世中立の主張」田畑忍編『近現代日本の平和思想』（ミネルヴァ書房、一九九三年）二一六―二二九頁、Katsumi Ueda, "Tabata Shinobu: Defender of the Peace Constitution," in: B.Nobuya and J.F.Howes (ed.), Pacifism in Japan, 1978. 参照。

(2) 田畑忍『議会と革命』(平和書房、一九七一年)二九四頁。
(3) 田畑忍「法律解釈の科学的可能」同『憲法学の基礎理論』(日本評論社、一九三六年)二六一頁。
(4) 上田勝美「田畑憲法学の特質」(『同志社法学』七八号、一九六三年)長谷川正安編『憲法学説史』(三省堂、一九七八年)二七八―二八一頁、同「田畑憲法学の真髄」『京都民報』一九九四年四月一〇日付。
なお、影山日出弥「憲法学とマルクス主義」『マルクス主義法学講座　第一巻』(日本評論社、一九七六年)も、戦前において、「マルクス主義法学の枠組みに包摂されうる憲法学の学的形成の試行は、……田畑忍の『憲法学の基礎理論』(日本評論社・一九三六年)の試みを除くと、鈴木[安蔵]による学的形成の試行がほとんど唯一の理論的実践であった」(一一〇頁)と述べているように、田畑にはマルクス主義法学や国家論からの影響が窺われる。
(5) 田畑忍「反憲法の政治と『知識人』」同『憲法と抵抗権』(三和書房、一九六七年)一四三、一五三頁。
(6) 上田勝美「田畑憲法学の特質」(前掲)二八六頁以下。
(7) 澤野義一『入門　平和をめざす無防備地域宣言』(現代人文社、二〇〇六年)六二頁。詳細は、前田朗『軍隊のない国家』(日本評論社、二〇〇八年)参照。
(8) 澤野義一『入門　平和をめざす無防備地域宣言』(前掲)六八―七〇頁、同「9条世界化論と韓国『9条の会』」(「9条の会・関西」会報五〇号、二〇〇七年一〇月)、グローバル9条キャンペーン編『戦争のない世界へ　5大陸20人が語りつくす憲法9条』(かもがわ出版、二〇〇七年)参照。
(9) 田畑の非武装永世中立論に先行する当該理論状況については、田畑忍「永世中立論と日本国憲法」憲法研究所編『永世中立の諸問題』(憲法研究所出版部、一九六九年)一頁以下、澤野義一『永世中立と非武装平和憲法』(大阪経済法科大学出版部、二〇〇二年)一七一頁以下参照。
(10) 澤野義一『平和主義と改憲論議』(法律文化社、二〇〇七年)二四四―二四五頁、二五九―二六〇頁。
(11) 澤野義一『平和主義と改憲論議』(前掲)一二四―一三三頁、一五七頁以下。
(12) 上田勝美・松下泰雄編『平和と人権への情熱』(前掲)一六八頁。戦前の田畑の思想形成と研究活動等については、出原政雄「田畑忍の思想形成と『抵抗』」鈴木良ほか編『現代に甦る知識人たち』(世界思想社、二〇〇五年)一一九頁以下。
(13) 田畑忍「憲法主義と憲法の解釈」同『法・憲法及国家』(日本評論社、一九四一年)二一七頁以下。
(14) 田畑忍「転換期に於ける国家の構造」同『法・憲法及国家』(前掲)一六三頁。
(15) 田畑忍「民族主義的国家観の一例」(『同志社論叢』一九四二年)同『法と政治の實践』(ミネルヴァ書房、一九五四年)九八頁以下、一五九頁。

(16) 田畑忍「平和国家、平和愛好的国家及び世界の恒久平和」(『同志社新報』八九号、一九四六年一月二〇日)。参照引用は、出原政雄「田畑忍の思想形成と『抵抗』」(前掲)一四六―一四七頁。

(17) 田畑忍「新憲法解説」(『朝日新聞』一九四六年一一月三日付)同『新憲法と民主主義』(関書院、一九四七年)五頁。

(18) 上田勝美・松下泰雄編『平和と人権への情熱』(前掲)三〇、一六八頁。

(19) 田畑忍『憲法学』(一九四九年、評論社)一一六―一一七頁。

(20) 例えば、寺島俊穂『市民的不服従』(風行社、二〇〇四年)など。

(21) 田畑忍「戦争の政治学と平和の政治学」同『戦争と平和の政治学』(有斐閣、一九五二年)二七―二八頁。

(22) 田畑忍「戦争否定の弁証法」同『戦争と平和の政治学』(前掲)四六―四八頁。

(23) 田畑忍「戦争否定の弁証法」(前掲)三〇―四六頁。

(24) 田畑忍「日本再武装論の盲点」同『戦争と平和の政治学』(前掲)一六〇―一六五頁。

(25) 田畑忍「沖縄と憲法」同『世界平和への大道』(法律文化社、一九八二年)一〇三―一〇四頁。

(26) 田畑忍「世界平和への大道」同『世界平和への大道』(前掲)八五頁。

(27) 田畑忍「序章　非戦平和の法実定と『日本の天職』」同編『非戦・平和の論理』(法律文化社、一九九二年)一一―一三頁。

(28) 田畑忍「プロローグ　日本の平和思想」同編『近現代日本の平和思想』(ミネルヴァ書房、一九九三年)三―四頁。

(29) 田畑忍「エピローグ　平和思想と現代」同編『近現代日本の平和思想』(前掲)二六七―二六八頁。

(30) 田畑忍「武力的戦力的自衛の違憲性と危険性」同『非戦・永世中立論』(法律文化社、一九八一年)一二五頁。

(31) 田畑忍「憲法と再軍備」同『戦争と平和の政治学』(前掲)一〇九―一一一頁。

(32) 田畑忍「憲法九条の改正と改悪」同『非戦・永世中立論』(前掲)一三三頁。

(33) 上田勝美「憲法改正・改悪峻別説について」田畑忍編『憲法の改正と法律の改正』(評論社、一九七二年)四〇頁。田畑忍「憲法改正無限界説」同編『憲法の改正と法律の改正』(前掲)二三頁も参照。

(34) 澤野義一『平和主義と改憲論議』(前掲)一四―一七頁、一二八―一二九頁、一四一―一四四頁など。

(35) 田畑忍「日本国憲法と主権尊重の問題」同『違憲・合憲の法理』(有斐閣、一九五五年)一四五―一四六頁。

(36) 田畑忍『違憲・合憲の法理』(前掲)の「序」、および同『非戦・永世中立論』(前掲)二七―二九頁。

(37) 田畑忍「軍事協定の締結と憲法」同『戦争と平和の政治学』(前掲)一二二頁。

(38) 田畑忍「軍事協定の締結と憲法」(前掲)一一八―一二三頁。
(39) 田畑忍「違憲の条約の憲法論的考察」同『違憲・合憲の法理』(前掲)四三頁。なお、出原政雄「平和憲法と非武装永世中立――田畑忍を中心として」憲法研究所・上田勝美編『平和憲法と新安保体制』(法律文化社、一九九八年)二〇二―二〇四頁も参照。
(40) 並河啓后「平和問題談話会の思想と行動」田畑忍編『近現代日本の平和思想』(前掲)二〇一―二〇五頁のほか、資料として、『世界』四七七号(岩波書店、一九八五年)参照。
(41) 深瀬忠一・山内敏弘編『安保体制論』(三省堂、一九七八年)の「解題」(山内敏弘)二一七頁。
(42) 田畑忍「日本の永世中立について」『同志社法学』六六号(一九六一年)六―七頁。
(43) 田畑忍「日本の永世中立について」(前掲)七―八頁。なお、国連による日本の非武装中立地域の保障という「新しい形式の中立国」の創設について、田畑以前に山川均が提案している(山川均『日本の再軍備』岩波書店、一九五二年、一二八頁)。
(44) 田畑忍「日本の永世中立について」(前掲)八―一〇頁。
(45) 澤野義一『永世中立と非武装平和憲法』(前掲)一八八頁以下参照。
(46) 田畑忍「戦争の論理と平和の論理」憲法研究所編『平和思想史』(憲法研究所出版会、一九六四年)一三頁。
(47) 小林直樹「憲法九条の政策論」『法律時報』特集号『憲法と平和主義』(一九七五年)一四九頁、同『憲法講義(上)』(東京大学出版会、一九六七年)二二五頁。最近の評価として、進藤栄一・水戸孝道編『戦後日本政治と平和外交』(法律文化社、二〇〇七年)一八二頁。
(48) 田畑忍『非戦・永世中立論』(前掲)七八―七九頁、一二三頁。
(49) 田畑忍『非戦・永世中立論』(前掲)一二四頁。
(50) 田畑忍『非戦・永世中立論』(前掲)九二頁。
(51)『季刊・永世中立』(憲法研究所)一九八九年一月一日号五頁。
(52) 田畑忍「エピローグ　平和思想と現代」(前掲)二六七頁。
(53) 田畑忍「世界平和への大道」(前掲)八九頁。
(54)『京都新聞』一九五三年一一月二四日の記事「京都は『非武装都市』たりうるか」。
(55) 田中はるみ「一九五四年ハーグ条約と日本」大阪国際平和研究所紀要『戦争と平和'08』一七号(二〇〇八年)四七頁以下、澤野義一「武力紛争の際の文化財保護条約(ハーグ条約)とその国内的活用」大阪経済法科大学『法学研究所紀要』四一号(二〇〇七

年）一〇—一四頁参照（本書第八章に収録）。
(56) 田畑忍「日本の永世中立の可能性」同『非戦・永世中立論』（前掲）一一五頁。
(57) 澤野義一『平和主義と改憲論議』（前掲）の第一二章のほか、二五八頁参照。なお、非武装中立の自治体の例として、フィンランド領のオーランド諸島がある。これについては、笹本潤・前田朗編『平和への権利を世界に』（かもがわ出版、二〇一一年）一一二頁以下参照［前田朗執筆］。
(58) 澤野義一『平和主義と改憲論議』（前掲）一五七頁以下、同「国際社会への『貢献』と平和主義」『法律時報』七九巻八号（二〇〇七年）四七頁以下参照。
(59) 澤野義一『永世中立と非武装平和憲法』（前掲）二三五—二三七頁参照。
(60) 澤野義一『平和主義と改憲論議』（前掲）二五一—二五四頁参照。
なお、日本のイラク派兵差止請求訴訟の住民側準備書面でも、憲法九条の解釈論として海外派兵や集団的自衛権を否定する論理として、非武装永世中立論に着目しているものがある。札幌地裁の原告準備書面（二〇〇七年八月三〇日）や名古屋高裁の控訴人準備書面（二〇〇七年七月九日）を参照。
(61) 田畑忍「世界平和への大道」（前掲）八五頁。
(62) 勝守寛『第9条と国際貢献』（影書房、二〇〇三年）四〇頁以下、太田一男「日本国憲法九条をアメリカ憲法に」深瀬忠一ほか編『平和憲法の確保と新生』（北海道大学出版会、二〇〇八年）三〇二—三二一頁、澤野義一『入門　平和をめざす無防備地域宣言』（前掲）六八頁。チャールズ・オーバビー（国弘正雄訳）『増補版　地球憲法第九条』（たちばな出版、二〇〇五年）も参照。
なお、田畑晩年の一九九三年一一月二六日、チャールズ・オーバビーが田畑に会いに京都に来られたが、田畑の健康が優れず懇談するチャンスを失ったので、私の方からオーバビーへ、田畑の英文の論文を後日送付したことがある。そのようなきっかけもあり、田畑が死去した後の追悼集会（一九九四年七月二三日）に送られてきたチャールズ・オーバビーのメッセージ文（同年七月一四日付）には、田畑が考察していた「戦争否定の世界史的過程」における日本国憲法九条の意義づけ（本章三の1）に興味が示されるとともに、憲法九条の形骸化が危惧されている。
(63) 澤野義一『入門　平和をめざす無防備地域宣言』（前掲）六二頁。詳細は、前田朗『軍隊のない国家』（前掲）参照。

第二部　平和憲法と国際的および地域的安全保障

第四章　日本の平和憲法と「国際貢献」論
——自衛隊海外派兵と憲法九条改正論との関連で——

一　はじめに

国際社会への貢献ということで最も議論されるのは、どのような方法・手段で「国際貢献」を行うべきかということである。日本の場合は憲法九条が存在する関係で、九条解釈の相違にも起因して、「国際貢献」が非軍事的な方法に限定されるのか、あるいは軍事的な方法も容認されるのか、といったことが問題となる。このようなテーマが、「国際貢献」という表現を頻繁に使う形で議論され出したのは、一九九〇年の湾岸危機を契機にしている。

そのようなこともあり、「国際貢献」論が積極的に主張される場合には、その実態は自衛隊の海外派兵などによる軍事的「国際貢献」論である場合が多い。したがって、当該主張は憲法九条改正論と結びつくことにもなる。このことは、日本国憲法の制定過程から今日に至るまでの「国際貢献」論や「国際貢献」の実態を概観すれば明らかである。なお、「国際貢献」という表現は、論者によっては、「国際協調主義」とか「国際平和協力」といった表現が用いられることもあるが、実質はほぼ類似の内容であるものが多い。

これまでの海外派兵法は「国際貢献」を名目に強引に制定され、当該法に基づく自衛隊の活動が行われたケースのうち、活動を終了したもの（テロ対策特別措置法やイラク復興支援特別措置法に関する活動）もあるが、継続しているケースもある（PKO協力法や海賊対処法による活動）。そこで、それぞれのケースに即した実態的な批判的検証が必要とされる時期になっているが、そのような全体的な検討は別の機会に譲り、本章では、上述のように、自衛隊海外派兵（法）を正当化してきている「国際貢献」論の実態、意図、論理などを批判的に検討することが目的である。

二　平和憲法と「国際貢献」論の展開

1　戦後当初の平和主義と非軍事的「国際貢献」論

戦後の憲法制定過程から一九五〇年代前半頃までは、「国際貢献」は非軍事的な平和協力が想定されていた。例えば、一九四六年九月一三日の貴族院帝国憲法改正特別委員会で、幣原喜重郎国務大臣は、日本が将来国連に加入することになったとき、「我々の中立を破って、そうして何処かの国に制裁を加えるというのに、協力しなければならぬというような命令……がありますれば、それは到底できないというような方針をとって行くのが一番よろしかろう。」「その方針をもって進んで行きますならば、世界の与論は翕然として日本に集まってくるだろう。……武力のない、交戦権のないということは、別に意とするに足りない」と述べている。

また、一九四九年一一月八日の衆議院本会議で、吉田茂首相は、「わが国は非武装国家として、列国に先んじてみずから戦争を放棄し、軍備を撤去し、平和を愛好する世界の世論を背景といたしまして、世界の文明と平和と繁栄とに貢献せんとする国民の決意をますます明らかにいたしまして、文明国世界のわが国に対する理解を促進することが、平和条約を促進する唯一の道と私は考えるのであります。」と述べている。

その後も、自衛隊を海外派兵しないことは、一九五四年六月二日、自衛隊の創設時に確認されているし（参院本会議決議）、一九五六年の国連加盟のさいにも、国連に加盟しても海外派兵せず、それ以外の方法（例えば経済的措置）での国連協力が可能と述べられている（一九五七年二月五日の政府答弁（参院）など）。

2 「国際貢献」論による憲法九条改正およびＰＫＯ派遣の正当化論の形成

国連加盟後の一九五七年頃から、国際貢献は「国連中心主義」の表現で唱えられるようになるが、それは、一九六〇年の日米安保条約の改定を正当化する機能も果たす（ただし安保改定後は「国連中心主義」の表現はあまり使用されなくなり、冷戦後に再度注目される）が、発足した自衛隊の合法化と海外派兵、あるいは改憲政党の発足（自民党）による憲法九条改正提案などを正当化する機能を果たすことになる。

そのような見解の例として、内閣憲法調査会（一九五六年設置、一九六四年まで活動）において、稲葉修委員は、「国連中心主義」の観点からみると、「憲法九条に関する多数説たる非武装中立という解釈は矛盾」し、日本国憲法は「古い型の古い憲法である」と述べている（一九六一年第六一回総会）。また、高田元三郎委員は、憲法九条二項の改正により、自衛隊を合法化するだけでなく、「国際平和維持のための集団自衛機構、あるいは国連軍、国際警察軍」への自衛隊参加を可能にすることが必要だとし、「国際平和を憲法の精神とし、国連中心外交を基調としながら国連平和維持部隊への参加もできないということは恥ずべきことである」と述べている（一九六一年第六七回総会）。

高田委員の当該見解にみられるような国連平和維持活動（ＰＫＯ）への自衛隊参加の必要論が唱えられるようになった背景には、一九五〇年前後から国際社会ですでに活動していたＰＫＯへの配慮があったこと、日本が国連に加盟して二年ほどたち非常任理事国として国連協力が期待されたこと、そして現実的にも、一九五八年七月の岸内閣のとき、レバノン監視団への参加要請があったことなどが考えられる。もっとも、この参加要請に対して政府は、憲法に抵触しないが、自衛隊法などに違反するとして拒否している(1)。

なお、ＰＫＯ参加についての政府のまとまった公式見解は一九八〇年一〇月の鈴木内閣で示されることになるが、一九六〇年当時すでに、武力行使を目的としない警察的な国連軍（停戦監視団と選挙監視団）への参加については、自衛権や侵略戦争と無関係であり、憲法に抵触しないとの解釈がなされている（一九五八・三・二八林内閣法制局長官・衆院内閣委、一九六一・二・二二同長官・衆院予算委、一九六五・三・二高辻法制局長官・衆院予算委など）。

日本政府がＰＫＯ派遣を本格的に検討し出すのは一九八〇年代前半からであるが、竹下首相は一九八八年の国連軍縮特別総会で、カンボジア和平などを見越して、ＰＫＯ派遣を含む「国際貢献」論を表明した。しかし、当時さしあたり派遣されたのは文民的なＰＫＯ（ナミビアの選挙監視団など）であり、「国際貢献」論として自衛隊のＰＫＯ派遣が法案として検討されるのは、一九九〇年代の湾岸危機からである。

3　ＰＫＯ協力法の制定・運用に伴う憲法解釈の変更

政府は、中東湾岸危機に対応するために提出された「国連平和協力法案」（一九九〇年一〇月）審議の中で、「海外派兵」とは「武力行使の目的を持って武装した部隊を他国の領土、領海、領空に派遣すること」で違憲であるが、「そういう武力行使の目的を持って武装した部隊というふうなことでない、いわゆる海外派遣」は違憲ではないとし、「海外派兵」と「海外派遣」を区別する答弁を行った（一九九〇・一〇・一九工藤内閣法制局長官、衆院予算委）。

この法案が廃案になった後、湾岸戦争後の国連活性化への国際貢献策として提出されたＰＫＯ協力法（一九九一年一九日）が、一九九二年六月に制定される。この時点で、武力行使になるような自衛隊の平和維持軍（ＰＫＦ）参加を困難（違憲）としていた従来の政府見解は変更され、ＰＫＦ参加も合憲とされるに至った。ただし、ＰＫＯ五原則（紛争当事者の停戦合意、紛争当事者の受け入れの同意、活動の中立性、以上の条件が崩れた場合の撤収、要員の生命・身体の防衛に限定した武器使用）の遵守と、ＰＫＦ本体業務の凍結（軍隊の武装解除の監視、放棄された武器の処分など）が条件とされ、カンボジアＰＫＯから実施されることになるが、実態的にはＰＫＯの原則に合致していたのか疑問も指摘されている。

その後、ＰＫＯは日米同盟の貢献策としても明確に位置づけられる中で、一九九八年にＰＫＯ協力法が改定され、武器使用は自衛官個人の判断から上官の命令で（部隊として）行えるようになった。また、国連以外の機関による選挙監視や人道的国際救援活動を行えるようになった。さらに、二〇〇一年秋にテロ対策特別措置法の制定につづいて改定されたＰＫＯ協力法では、ＰＫＦ本体業務の凍結が解除されたほか、武器使用ができる対象が自己や身近にいる者以外に自己の管理化に入った者（傷病兵や要人、他国の武装隊員など）にまで拡大され、武器等の防護のために自衛隊員が武器使用することも可能になった。同年には、自衛官を国連ＰＫＯ局（軍事部）に派遣する法律も制定された。そして、二〇〇六年一二月、ＰＫＯ協力を自衛隊の本来任務とする自衛隊法の改正が行われることになった(2)。

4　ＰＫＯ協力法の見直しと他の海外派兵法の動静

ＰＫＯ協力法は、「国連協力」法でもあるが、日米同盟に基づく軍事的「国際貢献」のための法律でもある。ＰＫＯ協力法が制定・改定されて以降に制定された、日米同盟に基づく軍事的「国際貢献」のための自衛隊海外派兵法としては、テロ対策特別措置法（二〇〇一年）、イラク復興支援特別措置法（二〇〇三年）、海賊対処法（二〇〇九

年）などの海外派兵法がある。(3)

テロ対策特別措置法は、テロの防止と根絶のため国際社会の取り組みに寄与することを目的に、外国軍に自衛隊が軍事的後方支援をするものである。現実には米軍などによるアフガニスタンにおける軍事活動をインド洋上で自衛隊が給油活動などを通じて支援するものであったが、政府は、民主党政権下の二〇一〇年一月に活動を終了した。政府は、その活動について、十分な情報を公開していないし、反省もしていないが、立法制定のときから疑問視されていた。憲法論的にいえば、当該活動は、戦闘行為が行われていない地域からの後方支援であっても、全体的にみれば、外国軍の軍事活動と一体となる武力行使であるから憲法九条一項に反し、交戦権を否認し、中立義務を要請する同条二項にも反するものであった。集団的自衛権の行使に当たり違憲であるといった批判もなされてきた。

イラク復興支援特別措置法は、米英などによるイラク先制攻撃による占領後のイラクの人道・復興と安全確保支援を目的に、自衛隊をイラク本土に派遣するものである。当初は陸上自衛隊による復興支援的な活動をサマワを中心に行い、後半は航空自衛隊による多国籍軍兵士や物資の輸送をバグダットを拠点に行った。二〇〇八年一二月には活動を終了したが、政府は、十分な情報公開も反省もしていない。イラク戦争については、国際社会から、開始時においてすでに疑問視されていたが、現在では、多国籍軍の中心国である米英の元政府関係者からも、国際法違反の戦争であったという批判的反省が出されている。(4)

司法の次元では、コスタリカの最高裁憲法法廷も同様の認識に立ち、かつ、同国政府がイラク戦争を道義的に支持する政治声明を出したことを、非武装憲法や永世中立に反するとの判決を下している（二〇〇四年）。(5)日本では、自衛隊イラク派兵違憲訴訟の名古屋高裁が、自衛隊の活動態様がイラク特別措置法に違反する武力行使に当たるとして、憲法九条一項にも違反するとの判決を下した（二〇〇八年四月）。この判決は、イラク戦争の国際法的問題や、イラク特別措置法自体の違憲性などについては言及していないが、実践的には注目に値する。しかし、本来の憲法論としては、非武装憲法をもつ日本では、コスタリカ最高裁のような見解が適切であるが、占領行政が行われている地域に自衛隊を派遣することが憲法九条の交戦権否認規定に反するという、従来の政府見解(6)にしたがっても、同法および自衛隊派兵自体が違憲といえる。また、テロ対策特別措置法に対すると同様の違憲論が妥当する。

さて、上述のようにテロ対策特別措置法とイラク復興支援特別措置法に基づく活動が終了したので、現在活動しているのは、ＰＫＯ協力法と海賊対処法によるものである。しかし、それだけでは政府にとって国際貢献に不十分である。そこで、最近、民主党政権の菅首相に提出された「新安保懇談会」報告書（二〇一〇年八月）(7)では、ＰＫＯや海賊対処活動のほか、他の様々な自衛隊の「国際平和協力」活動（テロ対策、破綻国家支援、災害救助、大量破壊兵器等の拡散阻止など）とともに、将来に向けて「平和創造国家」となるべく、より国際貢献できるように改善されるべきであるとの提言が行われている。

具体的には、ＰＫＯについては、活動実態に合致するようなＰＫＯ五原則の修正、他国要員の警護、他国の活動への後方支援などの追加と、国際的基準に照らして、従来の憲法解釈の変更の必要性も提言されている。ＰＫＯ以外の活動については、新たな事態ごとに特別措置法制定を繰り返すのを避けるため、包括的な恒久派兵法の制定などが提言されている。そして、この提言を行う視点として、「憲法論・法律論からスタートするのではなく」、「政府の政治的意思が決定的に重要」であると述べている。これは、明らかに現行の平和憲法を無視し、憲法九条の改正論を正当化することになり、問題である。

三　憲法九条改正のための「国際貢献」論──「平和主義」に優位する「国際協調主義」論の検討

上述した自衛隊の海外派兵を容認する見解の前提には、「国際協調主義」ないし「国連中心主義」を「平和主義」よりも優位におく「国際貢献」論がある。と同時に、それは、憲法九条の改正を容認することにもつながっているように思われる。このような考えは、すでに一九六〇年頃の内閣憲法調査会における委員の発言にみられたが、冷戦後に、より顕著に主張されるようになった。

1　政治家・メディア・財界の見解

憲法九条の改正論者である政治家らの見解として、例えば、一九九三年の自民党・小沢調査会「安全保障問題に関する提言」は、非軍事的平和主義や非武装中立を「消極的平和主義」「一国平和主義」であるとして批判する一方、冷戦後の「国際貢献」論の「積極的・能動的平和主義」の内容として、国際社会の専制と隷従を黙認しないという憲法前文の「国際協調主義」を強調し、国際協調下での平和の維持・回復のための実力（武力）行使が、憲法九条の禁止するわが国の「国際紛争解決手段としての戦争・武力行使」に抵触せず、「国連中心主義」の「国際的安全保障」として、自衛隊の海外派兵を容認している。この提言は、国連軍参加が基調になっているが、その後の小沢一郎の「国際的安全保障」論は、民主党代表のときに唱えたＩＳＡＦ（アフガン国際治安支援部隊）参加論のように、多国籍軍への参加も容認している（本書第五章三の5参照）。

小泉元首相の場合は、テロ対策特別措置法による自衛隊の海外派遣の根拠について、「憲法九条に抵触しない範囲内で、憲法の前文及び第九八条の国際協調主義の精神に沿って、わが国が実施し得る活動として実施措置を定めた。戦闘行為には参加しない。集団的自衛権の行使で国際協力するわけではない。」と述べている（二〇〇一年一〇月一〇日衆院本会議）。

改憲案の中では、読売新聞社の改憲試案（一九九二年第一次試案、二〇〇四年第三次試案）が注目されるが、それは、現行憲法九条を改正するだけでなく、「国際協力」という独立した章を設けて、平和と安全の維持および回復だけでなく、人道的支援のための国際協同活動（国連以外の多国籍軍の活動も含まれる）に、必要な場合には軍隊を派遣できるようにしている。なお、同試案の憲法前文において、「国際協調の精神」を強調しながら、「諸国民の平和的生存権保障」への言及がなくなっている。

日本経団連・経済同友会・商工会議所といった経済界は、二〇〇四年末から順次、軍隊の保持、集団的自衛権行使、「国際貢献」のための自衛隊海外派兵などを可能にできるように、憲法九条二項の改正を提案している。(8)

2　法学者の見解

国際法学者の見解としては、大沼保昭の説が目をひく（「護憲的改憲」論）。大沼は、憲法九条や「憲法前文に示された国際協調主義」のもとでは、「侵略や人道法の大規模な侵害を阻止・鎮圧する国連の（決定、要請、授権のある）軍事行動には、それが武力行使を伴うものであってもできるだけ参加して悲惨な事態を終わらせることに他国と共に力を尽くし、ましてや武力行使を原則として伴わない平和維持活動には積極的に参加して国際社会の平和と安全の一翼を担うことこそ、現憲法の拠って立つ国際協調主義の積極的実現であるという解釈も、決して不可能ではない」と述べるとともに、その趣旨を改憲して明文化することが望ましいとも述べている。(9)

大沼説と相通ずる憲法学者の見解としては、棟居快行の主張がある。棟居は参議院憲法調査会の参考人として、次のような趣旨のことを述べている（二〇〇四年四月二一日）。「平和主義」と「国際協調主義」という二つの憲法原則は、憲法学者の間では、完璧に相伴うものと考えられてきたが、「国際貢献」ということがいわれ出してから、両原則の間にはずれがあることが指摘されるようになり、考え直す時期にきている。一切の軍事力をもたないという宣言は実効性が怪しく、憲法前文で「国際貢献」論を規定することが望ましいと。確かに、棟居の調査会での発言では、「国際貢献」論は平和的手段によるものとされているが、軍事的手段による「国際貢献」論を排除していない疑いもある。というのは、別の論稿では、安保条約や自衛戦力が、現行憲法九条のもとでは違憲だとしながらも、合憲となるように「条文化するような九条の改憲がまじめに検討されてよい」と述べ、大沼の立場（「護憲的改憲」論）を支持しているからである。[10]

3　首相の私的諮問機関の見解

学者や財界人などで構成される首相の私的諮問機関が出す報告書などでも、現実の「国際平和協力」に合致するように、様々な自衛隊海外派兵が正当化されている。最近では、上述したように、菅首相に提出された「新安保懇談会」報告書の見解がある。自民党政権時代には、安倍首相の私的諮問機関で検討され、後継の福田首相に提出された「安保法制懇談会」[11]報告書（二〇〇八年六月）がある。これは、①公海での米艦船防衛、②米国へ向かう弾道ミサイル防衛、③国際的平和活動での武器使用、④ＰＫＯ活動における他国の後方支援、という自衛隊の活動に関する四類型を正当化するために、集団的自衛権に関する従来の憲法解釈の変更を求めることを目的にしている。

4　「国際貢献」「国際協調主義」論による自衛隊海外派兵の違憲性

まず、ＰＫＯ協力法の見直しによる自衛隊派遣の拡大は、実態的には自衛隊の海外派兵と武力行使を正当化するものであり、憲法九条の観点からは容認できない。他国と同じようにＰＫＯを派遣する国際法的な義務もない。ＰＫＯについては平和維持軍、停戦監視団、非軍事的ＰＫＯの三種類の活動（複合的活動を含む）があるが、日本国憲法下でのＰＫＯ参加については、①すべてのＰＫＯ参加合憲説、②平和維持軍参加違憲・停戦監視団参加合憲説、③非軍事的ＰＫＯ参加のみの合憲説にわかれている。国連の要請であっても、憲法九条のもとでは、軍事的目的に自衛隊を派遣することが違憲であるとの解釈によれば、第三説が妥当であろう。第一説は、侵略的武力行使以外の武力行使はすべて憲法九条で許されているという解釈か、武力行使を目的にしない平和維持活動参加は違憲でないという解釈（政府見解）を前提としているが、疑問である。第二説については、停戦監視団は原則非武装であるが軍事要員で占められるので、軍人の保持を禁じている憲法九条のもとでは停戦監視団参加も違憲と解される。[12]

この第二説に関連して、最近、憲法九条擁護の立場から、非武装自衛官による停戦監視団参加が憲法九条の精神による「国際貢献」にふさわしく、アメリカの弱点を補完し助けることにもなるという見解が注目されている。[13] しかし、そのような参加活動を通じて、自衛隊と文民・ＮＧＯとの「民軍協力」や大学における「軍学連携」関係が生じてきていること、また、自衛隊が世界展開する米軍に奉仕させられることになるといった点などを危惧する批判論もある。[14]

ＰＫＯ協力法以外の自衛隊海外派兵法のうち、テロ対策特別措置法とイラク復興支援特別措置法の違憲性についてはすでに言及した。海賊対処法については、本章ではとくに言及しないが、恒久派兵法案とともに次章で詳論するとして、いずれの自衛隊海外派兵法についても、政府はこれまで、武力行使を目的としない「国際貢献」や「国際平和協力」であるから、憲法九条に反しないと説明してきた。しかし、その実態は、憲法九条の武力不行使原則と交戦権否認規定から要請される中立義務（非武装永世中立の原則）に反する軍事的国際協力、ないしは、憲法九条が禁ずる集団的自衛権行使に相当する軍事的国際協力である。その本質的目的は、グローバルに展開している日本企業の海外権益と軍需経済の活性化、および日米軍事同盟の深化をはかることにあると考えられる。

四　自衛隊の海外派兵とイラク派兵違憲判決の意義と課題

自衛隊イラク派兵違憲訴訟の名古屋高裁判決については上述したが、ここでは判決内容に即して、その意義を考えることにするが、それと同時に、その限界を超える憲法解釈論の課題についても言及する。(15)

1　判決の概要と意義

自衛隊イラク派兵については、全国各地で違憲訴訟が提起されたが、二〇〇八年四月一七日に名古屋高裁で下された「違憲判決」が注目される。判決は、結論的には原告住民の主要な具体的請求を退けたが、判決の中では、イラクでの自衛隊の活動実態が憲法九条一項の武力行使禁止規定に反し違憲であると述べたこと、また一般論として平和的生存権の具体的権利性を容認したことに意義がある。形式的には国が勝訴し、住民側が敗訴したことになるが、住民側が上告しなかったため、名古屋高裁判決は確定している。

この判決の骨子は、次のようになっている。

①自衛隊の派兵根拠となっているイラク特別措置法の違憲か合憲かについては、判決は何も述べていない。

②また、イラク特別措置法に基づいて、自衛隊がイラクに派兵されたこと自体の違憲確認請求は、当該事件の具体的な権利関係にかかわらない抽象的な違法確認を求めるもので不適法として却下している。

③しかし、バグダッド空港を拠点とする航空自衛隊による多国籍軍の武装兵士などの輸送活動の実態は、戦闘地域での活動と武力行使を禁止しているイラク特別措置法に違反する。したがって、国際紛争解決の手段として武力行使を禁止する憲法九条一項にも違反する。

④憲法九条違反の国の行為すなわち戦争遂行によって個人の生命・自由が侵害されたり、戦争協力を強制される場合には、具体的権利性を有する平和的生存権の侵害となり、派兵自体の禁止を求める差止めや国家賠償請求が認められることがある。

⑤もっとも、本件派兵は原告らに直接向けられたものでなく、現時点では原告の平和的生存権が侵害されていないので、防衛大臣の行政処分の取消し（派兵差止め）を求める法律上の利益（行政事件の抗告訴訟における原告適格性）がないとして、差止め請求は却下した。また、損害賠償が認められるに足る程度の被侵害利益（平和的生存権侵害）が生じていないとして、損害賠償請求も棄却した。

さて、先に指摘した当該判決の意義について、さらに敷衍しておくことにする。その第一は、自衛隊の戦闘地域での活動や多国籍軍との武力行使の一体化の存否をきびしくチェックする判決の視点は、今後の海外派兵関連裁判や恒久派兵法制定反対運動にとって、一定範囲で有意義であるということである。現在展開中の海賊対処法によるソマリア沖の自衛隊派兵については、戦闘地域での、外国艦船と一体となる活動とみなされる事態になれば、判決の論理でも違憲となりえよう。しかし、海賊対処への派兵に関しては、イラク戦争の場合とは異なり、判決の論理が適用される場面は少ないように思われる。この点はＰＫＯ派兵の場合も同様である。この意味では、判決の論理を超える憲法論、つまり派兵自体を違憲とする論理が必要である。他方、恒久派兵法が制定されるならば、それに対しては判決の論理が直接適用できることになろう。

なお、住民が違憲の戦争・武力行使などに協力を強制されない（戦争加担拒否権）という、判決の平和的生存権理解については、ここでは論及しないが、有事法制下の国民保護計画における住民の戦争協力拒否の運動（無防備平和都市条例制定運動）などにとっては有意義であるが、[16]海外での自衛隊活動を直接的に違憲とする論理としては適用がむずかしい面がある。

2　判決の論理を超える憲法論の課題

上述したように、名古屋高裁判決は司法という領域でみれば、実務的には手堅い論理を展開した意義があり、評価に値する。しかし、平和憲法論や平和運動を進める観点から、さらに検討すべき課題もある。当該判決は、イラク特別措置法の運用の違法・違憲性を指摘しているが、イラク特別措置法とそれによるイラク派兵自体の憲法判断ないし違憲判断はせず（いわゆる法律の適用・運用違憲論）、イラク派兵自体の違憲確認請求は却下している。そういう意味においては、名古屋高裁判決は、ＰＫＯや海賊対処のための自衛隊派兵のような、派兵目的の異なる自衛隊派兵に関する特別措置法や派兵自体の違憲性確認、あるいは同法の廃止と撤兵を要求したり、恒久派兵法制定自体に反対する直接の論拠になりにくい。

その弱点をカバーするには、やはり憲法九条の原理的意味を絶えず確認することを怠ってはならない。それは、非武装平和主義を前提に、海外派兵自体を容認しないこと、あるいは紛争当事国（者）の一方に加担する一切の軍事的行為を禁止（集団的自衛権禁止）しているのが、憲法九条の原則だということである。より端的にいえば、憲法九条は非武装永世中立の理念を含む、非武装永世中立宣言規定であるということである（本書第一章五参照）。名古屋高裁訴訟の原告側準備書面では、筆者の説に依拠しながら、憲法九条に永世中立の理念が含まれているとの主張がなされているが、[17]判決の文面では全く考慮されていない。

この点では、イラク戦争を支持したコスタリカ政府に対し、非武装憲法、永世中立、平和的生存権の憲法的価値を踏まえて違憲判決を下した二〇〇四年のコスタリカ最高裁憲法法廷判決が注目できよう。

五　非軍事的「国際貢献」（論）の課題

政府や財界などのいう「国際貢献」論は、日米同盟を強固にするための軍事的「国際貢献」論であり、より普遍的に多国間に通用する「国際貢献」論ではないし、ましてや現行憲法の非戦・非武装平和主義の理念に沿うものではない。軍事的「国際貢献」に対しては、核兵器の廃絶や軍縮などの非軍事的な「国際貢献」の課題があるが、このような問題については、日本政府は被爆国であるにもかかわらず積極的とはいえない。

また、国内でできる非軍事的な「国際貢献」として、戦後補償や在日外国人の人権保障、あるいは国連が中心になり作成した国際人権条約の批准・具体化などが課題とされるべきであるが、政府の対応は消極的である。[18]

同様のことは、国際人道法への対応についても指摘できる。政府は国際人道法であるジュネーヴ条約追加議定書を二〇〇四年にやっと批准したが、それは、有事法制との整合性をはかるためのものであり、国民の平和的生存権を確保するために、平和憲法の理念に即した的確な実施を行おうとしているのか疑問がある。というのは、例えば、同条約第一追加議定書の軍民分離（軍事施設と住民・居住地域との隔離）原則が国民保護計画では生かされていないし、同議定書五九条で保障される「無防備地域宣言」について自治体が行うことに対して政府が反対しているからである[19]。国内で国際人権や国際人道法の理念を生かす努力をしない国が、国際人権や国際人道法の的確な実施や改善を国際社会で提言することはできない。

以上のような現在あまり実行されていない課題を積極的に行うことや、非軍事的な人道援助を行うことなどが、日本の平和憲法にふさわしい「国際貢献」ではないかと思われる。このように考えるならば、憲法九条の改正はなんら必要ではなかろう。軍隊を保持して軍事的な「国際貢献」をしなければ、いわゆる「国際貢献」に値しないと考える発想こそ見直されるべきである。その点では、イラク戦争を支持した政府に対して最高裁が違憲判決を出した非武装永世中立国コスタリカの国際平和協力のあり方が参考となる。

（1）澤野義一『永世中立と非武装平和憲法』（大阪経済法科大学出版部、二〇〇二年）三二二頁。

（2）澤野義一『永世中立と非武装平和憲法』（前掲）三二二—三二八頁、同『平和主義と改憲論議』（法律文化社、二〇〇七年）一七九頁以下。

（3）海賊対処法制定までの一連の自衛隊海外派兵法の概要と問題点については、澤野義一『平和主義と改憲論議』（前掲）一六四頁以下。山内敏弘『立憲平和主義と有事法の展開』（信山社、二〇〇八年）六五頁以下も参照。

（4）イラク派兵差止訴訟原告・弁護団有志チーム編『イラクで航空自衛隊は何をしていたか』（せせらぎ出版、二〇一〇年）五二—五三頁。

（5）本書第二章「中立国コスタリカの憲法と平和主義」参照。

（6）一九八〇年一〇月、鈴木内閣答弁。

（7）鳩山首相の私的諮問機関として設置され、後継の菅首相に引き継がれた「新安保懇談会」（「新たな時代の安全保障と防衛力に関する懇談会」の略称）が提出した報告書は、「新たな時代における日本の安全保障と防衛力の将来構想——『平和創造国家』を目指して」というものであり、二〇一一年度以降に係る「新防衛計画の大綱」（二〇一〇年一二月一七日閣議決定）の指針となっている。従来の専守防衛を基本とする受動的な安全保障論から、海外派兵などを能動的に展開する国際安全保障論への転換をはかるのが、報告書の目的である。
(8) 澤野義一『平和主義と改憲論議』（前掲）三二一―三三三頁。
(9) 大沼保昭「護憲的改憲論」『ジュリスト』一二六〇号（二〇〇四年）一五〇頁以下。
(10) 棟居快行「九条と安全保障体制」『ジュリスト』一二六〇号（前掲）七五頁以下。
(11)「安保法制懇」は、「安全保障の法的基盤の再構築に関する懇談会」の略称である。
(12) PKO参加に関する憲法学説の検討については、澤野義一『永世中立と非武装平和憲法』（前掲）三二八―三三一頁、同『平和主義と改憲論議』（前掲）一八三―一八四頁参照。
(13) 伊勢崎賢治『国際貢献のウソ』（筑摩書房、二〇一〇年）一九一頁以下。
(14) 谷川昌幸「非武装自衛隊国際貢献論の危険性」『憲法研究所ニュース』［上田勝美代表発行］二九号（二〇一一年三月）六頁。
(15) 澤野義一「最近の改憲動向と恒久派兵法」『社会評論』一五四号（二〇〇八年）六〇―六二頁。その他、川口創・大塚英志『「自衛隊のイラク派兵差止訴訟」判決文を読む』（角川書店、二〇〇九年）、イラク派兵差止訴訟原告・弁護団有志チーム編『イラクで航空自衛隊は何をしていたか』（前掲）、9条世界会議国際法律家パネル編『9条は生かせる』（日本評論社、二〇〇九年）五四頁以下など参照。
(16) この点に関していえば、二〇〇四年以来、二九の地方議会で提案審議されてきた無防備平和都市条例のすべてに平和的生存権条項が規定されているが、ほとんどの自治体当局は、その権利の意義に言及せず、実質的に否定している。例えば、大阪市の条例案（第二条）では、「①大阪市民は、平和のうちに生存する権利を有することを確認する。②大阪市民は、その意思に反して、軍事を目的にした市民権の制約や財産権の侵害、自然環境の破壊を受けることはない。」と規定されているが、市長は、平和的生存権は日本国憲法前文に規定されており、改めて条例で確認する必要がないと述べ、国民保護法などの有事法制を自治体で実施していく方針のもとで当該条例案に反対している。文献として、澤野義一『入門　平和をめざす無防備地域宣言』（現代人文社、二〇〇六年）一二七―一三一頁、同『平和主義と改憲論議』（前掲）二六三頁以下のほか、本書第七章を参照。
(17) 名古屋高裁訴訟の原告側準備書面（二〇〇七年七月九日）は、憲法九条の解釈論として、海外派兵や集団的自衛権を否定する論理として、非武装永世中立論に着目している。
(18) 澤野義一「国際人権と憲法」根本博愛・青木宏治編『地球時代の憲法［第三版］』（法律文化社、二〇〇七年）一五九―一六七頁。
(19) 澤野義一『入門　平和をめざす無防備地域宣言』（前掲）九四頁など参照。

第五章　自衛隊海外派兵法に関する現況と問題点
――海賊対処法と恒久派兵法案の検討――

一　はじめに

これまでの自衛隊海外派兵は、ＰＫＯ協力法（一九九二年）、テロ対策特別措置法（二〇〇一年）、イラク復興支援特別措置法（二〇〇三年）といった個別法の制定により行われてきている。近年では、自衛隊のソマリア沖派兵のための「海賊対処法」が制定され（二〇〇九年）、運用されている。運用はされていないが、周辺事態法（一九九九年）、船舶検査法（二〇〇〇年）、貨物検査特別措置法（二〇一〇年）などの派兵法もある。しかし、それぞれの法律は、派兵の目的・地域・期限・活動内容・武器使用要件など（派兵条件）に相違があり、他の海外派兵に適用できない。このように紛争事例ごとに個別法を制定して派兵に対処するのは、海外派兵を推進する立場からすれば、これまでもそうであったが、今後においても、派兵の迅速性と柔軟性に欠け、「国益」と「国際貢献」の障害であるとみられている。

そこで提案されているのが、海外派兵を自衛隊の本来任務に格上した自衛隊法改正（二〇〇六年一二月）を踏まえ、さらに、従来の派兵諸法を包括するような派兵一般法、いわゆる「恒久派兵法」の制定である。しかしそれは、従来の派兵諸法の単なる統合ではなく、これまでの派兵条件に関する制限を取り払い（政府解釈からの逸脱）、自衛隊をいつでも、どこへでも派兵し、どんな活動（武力行使を含む）もできるようにする形で再編されようとしている点に重大な問題が潜んでいる。

本章は、自衛隊海外派兵法の現況と動向について、「海賊対処法」と「恒久派兵法案」を素材として、非戦・非武装平和主義の日本国憲法の理念を重視する観点から批判的に検討することが目的である。

二　海賊対処法の制定背景および概要と問題点

1　海賊対処法の制定過程と趣旨

これまでの自衛隊海外派兵法とは異なる新たな海外派兵法として、いわゆる「海賊対処法」（正式名称は「海賊行為の処罰及び海賊行為への対処に関する法律」）が制定されたが、それまでの経緯は次の通りである。

二〇〇九年一月二八日、ソマリア沖の海賊対策のため、自民党の麻生首相は海上自衛隊のソマリア沖派兵を指示した。これを受けた浜田防衛相は同日、海上幕僚長らに対し、自衛隊法八二条による海上警備行動の準備指示を出し、三月一三日に派遣命令を下した。そして翌一四日には、哨戒ヘリを搭載した護衛艦二隻（各二〇〇人同乗）がソマリア沖に向けて広島の呉基地から出航したが、司法警察業務を担当する海上保安官（八人）のほか、海上自衛隊の特殊部隊（特別警備隊）も同乗させた。

この海上警備行動による派兵は、衆参「ねじれ国会」のもとで最終的に成立するかどうか不確定な海賊対処法という新法成立までの応急措置として実施されたものである。

新法案は三月一三日に閣議決定されてから、四月二三日、自民党など与党の賛成で衆議院において可決された。六月一九日には参議院で否決されるが、衆議院の再可決で成立することになった。

成立した海賊対処法は、法律の目的、海賊行為の定義、海賊罪、海賊対処行動などについて規定しているが、同法の目的は、海賊行為対処に必要な事項を定め、資源輸入国日本にとって重要な海上の安全と秩序をはかることにあるとされている。海賊行為の定義については、同法によると、私的目的で、公海などにおいて暴行・脅迫などにより船舶を強取して、財物を強取したり、人を略取したりする行為、あるいは、このような海賊行為をする目的で船舶に接近し進行を妨げる行為、また凶器を準備して船舶を航行させる行為をさす。

この定義は国連海洋法条約の規定に沿ったものであるが、海賊行為は国際法上は、テロやシージャックなどと区別される固有の国際犯罪（類型）として位置づけられている点に留意が必要である。(1)

以下では、海賊対処法の内容的問題点のほか、海賊対処行動の法的問題点（国際法的問題も含む）、海賊対処法の制定背景と新たな運用動向、海賊対処法の代案などについて検討することにする。

2　海賊対処法の内容的問題点

まず、海賊対処法の成立に先立って実施された自衛隊の海上警備行動について検討しておく。海上警備行動は、現行自衛隊法では、自衛隊の主任務である国防に比すると従たる任務である「公共の秩序の維持」のための活動に当たり（法三条）、「海上における人命若しくは財産の保護又は治安の維持のため特別の必要がある場合に」認められるものである（法八二条）。しかし、後述するように、海上警備行動については、今回のケースではその特別の必要性はないし、海外派兵にも当たるので、憲法九条に違反する。また、ソマリア沖のような日本領海をはるかに超える海上での海上警備行動も、自衛隊法の想定を超えるものである。

さらに、海上警備行動については、保護対象が日本船舶や日本人が乗っている船舶などに限られること、武器使用は警察官職務執行法を準用し、「自己もしくは他人に対する防護」のための正当防衛や緊急避難の場合に限定されること（武力行使に当たらないこと）などの制約がある（法九三条）。しかし、護衛艦が派遣されて間もなくの四月以降から、護衛艦が外国船舶の護衛活動すなわち違法・脱法行為を行ったとの報道がなされている。

さて、海上警備行動の制約を超える活動を可能にする海賊対処法の内容は以下の通りである。①自衛隊の派遣地域や活動期間を限定せず、いかなる公海への派遣も可能としている。②保護対象は、自国船舶だけでなく外国船舶（商船や貨物船）なども可能にしている。③武器使用要件については、正当防衛や緊急避難に限定せず、海賊行為を制止するために海賊船の進行を停止させるという任務遂行に必要な場合にまで拡大している。④海賊対処行動に関する国会の関与については、国会の事前承認でなく、国会報告にとどめている。

これらの内容については、次のような問題点を指摘することができよう。

①については、自衛隊をいつでも、どこへでも派兵することを企図する「恒久派兵法」の先取り的性格をもっている。

②については、③とも関連して外国軍艦と連携して護衛する場合には、集団的自衛権行使に発展する恐れがある。この点については、安倍元首相のもとで二〇〇七年四月に設置された諮問機関「安全保障の法的基盤の再構築に関する懇談会」（同年八月二五日の第四回懇談会）において、公海上での米艦船への攻撃に自衛隊が応戦できるようにしたり、国際平和協力活動中、他国部隊が攻撃されたさいに自衛隊が応戦できるように、政府の従来の集団的自衛権解釈の変更が提言されている。(2)

③については、任務遂行のための武器の先制使用が実態的には武力行使に匹敵し、憲法九条が禁ずる交戦権行使の可能性がある。また、それによって、海賊ないし自衛隊員などの死者が出ることもありうる。なお、このような海賊行為への対処は海上保安官が基本的に行うが、[3] 特別の必要がある場合に、防衛大臣の命令に基づき（内閣総理大臣の承認のうえ）、自衛隊が行うことができるものである。しかし、それはテロ対策特別措置法などの従来の海外派兵法の武器使用要件を緩和しており問題である。

④については、自衛隊の活動に対する国会のシビリアンコントロール（権）を形骸化することになる。

3　海賊対処行動の法的問題点

海賊対処行動の性格については、政府見解や学説の一部では、私的集団の海賊行為に対する警察権行使であり、そのための武器使用は、国家が絡む国際紛争解決の手段として用いることが禁じられる武力行使に当たらないとの解釈で正当化されている。あるいは、警察権行使目的の派遣は武力行使を目的とする海外派兵ではないとの解釈で、海賊対処のための自衛隊海外派兵が正当化されている。[4] この点については、以下の三つの側面から検討することにする。

第一は、国連海洋法条約との関連においてである。確かに、海賊対処は、国際社会では国際犯罪として警察活動の対象とされており、国連海洋法条約（一〇〇～一一一条）では、すべての国が可能な範囲で、公海（その他どの国の管轄権にも服しない場所）において海賊行為抑止に協力する義務があること、軍艦や公的な船舶・航空機による海賊船の拿捕・臨検・追跡権があることが規定されている。したがって、一般論としては、海賊対処のための軍艦の派遣は国際法に反するものではない。しかし、軍艦を実際に派遣するかどうかは各国の法制によって決められるべきことであり、軍艦を出すことは国際的には法的義務ではない。(5) 以下に言及する、ソマリア沖の海賊対処に関する国連安保理決議も、加盟国を法的に義務付けるものではないと述べている。

この点からすれば、海外派兵を禁ずる憲法九条をもつ日本では、海賊対処のために自衛隊を派遣する必要はない。第二は、憲法九条の解釈・運用面からの問題である。これまでの海外派兵において、政府は「武力行使」と区別される「武器使用」の名目で、実態的には「武力行使」に当たる活動を行ってきているといえるが、このような政府の論理でいけば、警察権行使の名目でも同様のことが実行され、憲法九条の形骸化がさらに進む危険性がある。とくに最近の国内外では警察活動と軍事活動が融合してきている状況下では、注意を要する点である。(6)

さらに、海賊行為に関する紛争は国家（国家間ないし国家に準ずる集団）が絡む国際紛争ではないから、憲法九条に関係なく自衛隊海外派兵ができると解するのは問題である。国際紛争には、軍事的な国際紛争に限らず、政治経済的国際紛争や国際犯罪などの国際紛争も含むと解されるし、紛争の主体が国家であることに限定することは今日的には妥当ではない。(7) 結局、海賊対処のための自衛隊海外派兵は、憲法九条一項が禁ずる国際紛争解決のための武力行使や武力威嚇に該当するといえる。

なお、海賊対策については軍艦でなく、海上警察機関（日本では海上保安庁）の船舶を派遣することで対処することもできないことはないが、これも各国の国内法と政策の問題である。この点に関して、海上保安庁の巡視船などを派遣すべきだという見解もみられるが、ソマリア沖の各国の活動実態が軍艦による（連携もある）軍事的活動に相当するものだとすれば、そのような地域への巡視船派遣は、陸海空軍以外の「その他の戦力」になり、憲法九条が禁ずる武力行使や武力威嚇あるいは交戦権行使に該当する事態にもなりうる。

それはともかく、日本政府の認識とは異なり、アメリカ側では、ソマリア沖で「二十一カ国で海賊対策にあたっ

ている日本の［自衛隊］の行動は集団的自衛権の行使以外の何物でもない」と認識されている。(8)

第三は、海賊対処の国際協力を要請する国連安保理決議（二〇〇八年六月の一八一六号、同年一〇月の一八三八号、同年一二月の一八五一号）(9)に関連する問題である。すなわち、海賊行為が「地域における国際の平和と安全の脅威」であるとして、国連憲章七章のもとで、海賊行為を抑止するため、国連加盟国がソマリア沖公海・領海・領空内で「必要なあらゆる措置」をとること（軍艦や軍用機による活動など）を容認している当該安保理決議を、自衛隊海外派兵の根拠にすることは適切かという問題である。確かに、当該安保理決議に基づいて、外国では、米軍を中心とする合同任務部隊（CTF一五一）、NATOやEUの有志国のほか中国、ロシアなど約三〇カ国はソマリア沖の海賊対策のために軍艦を派遣している。

しかし、この決議には疑問点も指摘されている。まず第一の疑問は、国連憲章七章のもとで制裁の対象となりうるのは、平和に対する脅威や破壊、侵略行為であり、そこに海賊行為を含めることが適切なのかどうかの問題である。(10)というのは、ソマリア沖の海賊事件が二〇〇七年の四四件から、二〇〇八年の一一一件に急増し、二〇〇九年からは二一〇件台になっていること、また、海賊は自動小銃やロケット砲で武装し、複数の高速艇で襲いかかる行動をとっている実態はあるが、海賊行為は身代金目的のため、人質に危害を加えることはほとんどないといわれているからである。(11)ソマリアは冷戦時代からの米ソの内政干渉による内戦と混乱、冷戦後の人道目的の国連平和維持軍派遣の失敗による無責任な外国軍の撤退などで無政府状態となっている。このような状態の中で、海賊事件が発生しているのであるが、それは、貧しい元漁民らの武装集団によるものだけでなく、プロの国際犯罪集団とつながった新たな海賊ビジネスによるものも含まれているとの指摘もなされている。(12)

もっとも、二〇〇九年四月頃から、米軍やフランス軍が人質救出のために海賊と交戦して海賊を射殺したことに対し、海賊が報復宣言したり、アルカイダ系組織が各国軍艦への攻撃を呼びかける中で、米軍がソマリアのイスラム過激派組織の訓練キャンプへの攻撃を表明する危険な事態が生じつつあるとか、ソマリア沖やアデン湾が海賊と連合艦隊の戦場と化しつつあるとの指摘もあるが[13]、それが国連憲章七章のもとで制裁の対象となりうる事態といえるかどうかは疑問である。

上記の安保理決議に対する第二の疑問は、公海でない他国の領海・領空にまで及んで対処行動を行うことを容認していることである。それは、ソマリア暫定政府の事前同意などを条件にしているが、警察活動の範囲を公海に限定している国連海洋法条約を逸脱する違法な決議ではないかという問題がある[14]。

なお、自衛隊による海賊行為の阻止活動については、他国の軍隊への給油活動（その他、テロ行為や麻薬取引などの阻止活動）とともに、国連決議の有無に関係なく、軍艦が公海で行いうる海上警察活動として容認する国際法学者の見解もあるが[15]、これまでに指摘したと同様の批判が可能である。

4　海賊対処法の制定背景と新たな運用動向

ソマリア沖で発生している海賊行為の原因からすると、海賊行為を軍艦で取り締まることだけでは問題解決になるとは思われない。実際、上述したようにソマリア沖での海賊事件発生件数は年々増加しているが、自衛隊の活動拠点であるジブチ（基地が開設されている〔後述〕）のソマリア沖アデン湾では、海賊被害は激減したものの、その他の海域に拡散し、世界的には被害が増大している[16]。

大国を中心にソマリア沖に軍艦を派遣する背景には、アフガン戦争と結びついているインド洋でのテロ対策との関連づけや、現在注目されつつあるアフリカのエネルギー資源の確保といった各国の政治的、経済的な思惑がある。

あるいは、遠方洋上における各国の軍艦派遣による軍事訓練の意図もありそうである。[17]

このような状況で、とりわけ日本がソマリア沖に自衛隊を派遣する理由としては、アジアの中国、韓国、インドなどが軍艦を派遣することに遅れをとってはならないという対抗心がある。その他には、ＰＫＯ協力法、周辺事態法、テロ対策特別措置法、イラク復興支援特別措置法、海賊対処法など、さまざまな目的の個別的な海外派兵法を積み重ねることで、小泉内閣以降検討されてきている自衛隊の恒久派兵法制定の実績をつくり、憲法九条の実質的な改悪を先取りすることである。恒久派兵法は、これまでの個別的派兵法の制約を取り払い、自衛隊をいつでも、どこへでも派兵し、どんな活動（武力行使や集団的自衛権行使を含む）もできるようにするものである。

また、日米安保のグローバル化ないし日米同盟強化の一環としても、自衛隊のソマリア沖派兵が位置づけられていることに留意する必要がある。この点については、オバマ政権のヒラリー・クリントン国務長官は、来日した二〇〇九年二月一七日の浜田防衛大臣との会談において、日米同盟の重要性を指摘する中で、イラク支援、アフガニスタン問題にかかわるインド洋給油活動のほか、ソマリア沖海賊対策に船を出すことを日本に要望している。そして、海賊対策については、「国会の議論があると思うが、日本が他国の船の保護も緊急時にはできるということも検討していただけるとありがたい」と述べている。[18]

このクリントン国務長官の海賊対策に関する要望は、地球規模での日米同盟協力として、これまでの日本の海外派兵を評価するとともに、恒久派兵法制定にも期待を寄せている「第二次アーミテージ報告――二〇二〇年に向けアジアを正しく方向付ける」（二〇〇七年二月）[19]で提示されていた、日米同盟の課題の一つとしての海賊対策を踏まえたものといえる。それは次のように指摘されている。すなわち、「シーレーンはアジアの生命線である。海洋国家である米国と日本は、海事安全保障と海賊対策の問題で、重要な能力を提供できる。地域においては、シーレーンの安全保障と公海の安全に対する多国間の取り組みが議論されており、米国と日本は、地域の海事安全保障政策の策定と履行について指導的役割を維持するべきである。」と。

このテーマについての日米間の合意は、東日本大震災後に日米同盟の深化を約束した二〇一一年六月二一日の「日米2プラス2共同声明」で、「海洋安全保障および海賊対処において更に協力する意図を確認」という表現で示された。

ところで、日本政府は二〇〇九年五月に入り、海賊対策を名目に、対艦ミサイルや魚雷搭載可能な海上自衛隊のP３C哨戒機二機をソマリア隣国のジブチの国際空港に配備するとともに、それを警備するための陸上自衛隊中央即応連隊（テロ作戦を担うために創設された部隊）を初めて派遣した。また、輸送任務に当たる航空自衛隊C一三〇H輸送機も派遣された。これは陸海空の三自衛隊が一体となる最初の海外派兵であるが、先に派遣されている日本の護衛艦の活動を補強するだけでなく、ソマリア沖やインド洋で活動する米軍等の軍事作戦を支援することにもなろう。現在は、ソマリア沖アデン湾での自衛隊の活動を強化し、長期的に活動するために、二〇一一年六月にジブチで開設された自衛隊初の海外基地を拠点に活動している。[20]

5　海賊対処法の代案

海賊対処法の代案ということで、三つのことを以下で指摘しておくことにする。

まず、海賊対処法は憲法九条に反する違憲立法であり、「国際貢献」や「国連中心主義」を名目に正当化できないことを確認しておく必要がある。海賊対処法の代案として、野党時代の民主党は海賊対処法に対する修正案を提出していたが、自衛隊派遣のさいの国会の事前承認を必要とすること以外は政府・与党案と大差はなく、むしろ、国会の審議において、法律制定を促進する役割を果たしている。そして、政権与党となった民主党は、その後の海賊対処法の運用実態を容認し、推進している。[21] 問題は、どのような考え方が民主党でなされているのかである。

民主党にとっては、ソマリア沖海賊対策は国連安保理決議で要請されており、艦船を派遣することは国際貢献であり、「人間の安全保障」に通ずると理解されているのである。またそれは、公海における航行の自由確保のための国際社会への寄与を重視する同党の恒久派兵法案ともいえる「テロ根絶法案」の方針に沿っている。その前提には、国連安保理決議がある場合には、自衛隊を海外派遣しても憲法九条に抵触しないという認識、いわゆる「国連中心主義」がある。その具体的な検討は後述する（本章三参照）。

なお、二〇一〇年八月に菅首相に提出された「新安保懇談会」報告書[22]では、テロや海賊行為などの対策のための自衛隊海外派兵について、「国連安保理の決議に基づくケースを基本としながら、そうした決議のない場合でも、同盟、友好国として取り組む可能性も含めて、参加する可能性に備えるべきである」との提言がなされている。

第二に、各国のソマリア沖派兵の背景や活動成果などを考慮すれば、自衛隊のソマリア沖派兵は必要ない。派兵を中止して、代案を考えるべきである。この点について、ソマリア沿岸国のイエメンから二〇〇八年に来日した沿岸警備隊長は、「日本から自衛隊を派遣すれば費用がかかる。現場をよく知る我々が高性能の警備艇で取り締まった方が効果がある」。自衛隊派遣は効果が期待できないし、必要ないとして、日本に対し、警備基地の新設や高速警備艇導入の財政援助、海上保安庁の警備技術指導を求めている。[23] ソマリア沖海賊問題で日本政府が行うべき国際貢献は、このような非軍事的な支援である。もちろん、それ以外にも、海賊行為の発生原因となっているソマリアの貧困などの国内問題への経済的支援などが必要である。

それはともかく、海賊対策に関する日本の非軍事的な支援として想起されるべき先例がある。それは、日本（小泉内閣）が提言し、アジア一四カ国（ＡＳＥＡＮ諸国や中国、韓国、インド、日本など）で採択された二〇〇四年の「アジア海賊対策地域協力協定」（東南アジア・モデル、二〇〇六年発効）により、海上保安庁が関係国に巡視船などを派遣して、海賊対策に関する海上保安機関の連携訓練や、関係国の海上保安機関職員を対象とした海上犯罪取り締まり研修などを実施してきた事例である。その関連で、日本政府による、インドネシア海上警察局の巡視船艇整備のための無償資金協力も実施されている。シンガポールには、海賊情報共有センターが設立されている。このような活動により、マラッカ海峡の海賊事件が激減したといわれているが、それに主導的に貢献してきているのが、実は日本政府であるということである。(24)

さらに、二〇〇九年一月末、国際海事機関（ＩＭＯ）は、ジブチでソマリア沖海賊問題対処のため、ソマリア周辺国やアフリカ連合などの国際機関、日本などのオブザーバー国が参加する会合を開き、海賊情報共有センターや訓練センターの設立などを内容とする行動指針を採択したが、そこには、上述した「アジア海賊対策地域協力協定」がモデルになっており、注目される。(25)

第三に、海賊対策のための自衛隊派遣について、日米同盟協力以外の理由として、自国の船舶を自国の軍艦で守るのは日本の国益であるという理由もあげられている。しかし、海外で危険を回避することが自己責任だとする、日本政府がしばしば主張してきた見解によれば、船舶が危険を避けるためには、時間はかかるが、アフリカ南端の喜望峰を回るという選択肢などもありうる。また、そのような場合に国が費用を援助する方が、自衛隊派遣にかかる費用よりもかなり安いともいわれているし、実際、喜望峰の迂回を選択する船主が増えているとの指摘もある。(26)

三　自衛隊恒久派兵法案の提言背景および概要と問題点

1　恒久派兵法の制定をめぐる保守政党の駆け引き

上述の海賊対処法は、自衛隊の派遣地域、活動期限を限定せずに、いかなる公海への派遣も可能としている点で、従来の海外派兵法と異なり、恒久派兵法の先取り的性格をもっているといえる。それでは、現在、恒久派兵法としてどのようなものが考えられているのであろうか。

恒久派兵法制定に関する経緯は後述するが、恒久派兵法制定論議が近年注目された理由としては、二〇〇七年秋の福田首相と民主党小沢代表の密室での党首会談で、衆参「ねじれ国会」の打開策として自民・民主党の「大連立構想」論が話題となったさいに、恒久派兵法が必要だとの認識で一致したこと、また、二〇〇八年一月一一日に成立した新テロ対策特別措置法（「テロ対策海上阻止活動に対する補給支援活動の実施に関する特別措置法」）が一年後に期限切れとなることに備え、同年度中に恒久派兵法を制定しておく必要があることから、福田首相が二〇〇八年一月一八日の所信表明演説で同法制定の方針を打ち出し、自民党も同年二月に同法に関する党内作業チームを発足させたことにある。

さらに、野党の民主党が与党の新テロ対策特別措置法案の対案として二〇〇七年一二月に提出した法案（「国際的なテロリズムの防止及び根絶のためのアフガニスタン復興支援等に関する特別措置法案」、略して「テロ根絶法案」）に恒久派兵法に相当する部分が含まれているため、衆院において、民主党案が与党によって否決されずに継続審議になったことも、恒久派兵法制定の動向が注目されたゆえんである。自民党としては、二〇〇六年八月に党防衛政策検討小委員会で作成された「国際平和協力法案」（石破茂座長）を土台に恒久派兵法の法制化を目指す方針を立てている。

福田政権に続く麻生政権のもとでは、未曾有の金融危機対策のための経済・財政・雇用論議が中心的課題であるため、恒久派兵法自体の論議は目立たなかった。長期自民党政権に代った民主党政権においても、当初は目立った議論はなされなかった。しかし、二〇一〇年八月、武器輸出三原則やＰＫＯ五原則の緩和のほか、恒久派兵法の制定などを提言する「新安保懇談会」報告書が菅首相に提出された翌年の二〇一一年一月、民主党内で恒久派兵法制定と集団的自衛権行使容認に向けて検討する方針が出された。それは、「ねじれ国会」のもとで、民主党が自民党との連携をはかる狙いではないかとの見方もあるが、[27]それだけの理由ではない、より積極的な意図もあるように思われる。

以下においては、自民党と民主党の恒久派兵法案を検討するが、当該法案以前に恒久派兵法の必要性は政府や財界などから提言されているので、その経緯についても言及しておくことにする。なお、そこでの恒久派兵法と改憲論の関連をみると、恒久派兵法の制定を、憲法九条の改正なしにでも行おうとする手法（立法による実質改憲・解釈改憲論）と、明文改憲とともに行おうとする手法が並行的に提言されていることが看取できる。

2　恒久派兵法に関する政府提言の経緯

恒久派兵法の必要性が政府関係機関から最初に提言されるのは、二〇〇二年一二月一八日に福田官房長官の私的諮問機関「国際平和協力懇談会」（明石康座長）が出した報告書においてである。前年にはテロ対策特別措置法が制定されたり、ＰＫＯ協力法が改正されたりしているが、当該報告書は、さらなる国際平和協力の改善・強化の諸方策として、「自衛隊法を改正し、国際平和協力を自衛隊の本務として位置付ける」とともに、「多国籍軍」（アフガンの国際治安支援部隊ＩＳＡＦ、コソヴォの国連平和維持部隊ＫＦＯＲなど）の果たす役割が大きくなっているとして、「国連決議に基づき派遣される多国間の平和活動（いわゆる「多国籍軍」）への我が国の協力（例えば、医療・通信・運輸等の後方支援）について一般的な法整備の検討を開始する」ことなどを提言している。

この提言に基づき、政府は二〇〇三年七月に、内閣官房内に準備室を設置し、恒久派兵法に関する大綱を作成し、翌年の国会に法案提出する方針を決定している。

二〇〇四年一〇月には、小泉首相の私的諮問機関「安全保障と防衛力に関する懇談会」（荒木浩座長）が出した報告書も、国際平和協力の諸課題の中で、国際平和協力活動を自衛隊の本来任務とすべきことのほか、特別措置法による対応でなく、「一貫して、迅速に取り組んでいくことができるよう、一般法の整備を検討すべき」ことを提言している。そこでは「武力行使」は容認されないと指摘されているが、任務遂行に必要な武器使用権限の拡大の提言は、事実上「武力行使」を容認することになるであろう。

恒久派兵法の必要性については、国会審議においても、大臣らによって答弁されているし（石破防衛庁長官・二〇〇三年七月一六日衆院イラク支援特別委員会、小泉首相・二〇〇三年一〇月六日参院テロ防止特別委員会など）、同法が政府内で検討中であることも答弁されている（安倍官房長官・二〇〇五年一二月一九日衆院イラク支援特別委員会）。しかし、政府がどこまで具体的に検討したかは明らかでないし、結果的には、議論が集約されない状況やイラク派兵自衛隊の撤収問題などもあり、二〇〇六年の国会への恒久派兵法案の提出は見送られたようである。(28)

3　恒久派兵法に関する財界とアメリカの提言

(1)　財界の提言

財界の恒久派兵法に関する提言としては、二〇〇四年一一月の経済同友会の「イラク問題研究会意見書」にみられる主張が注目される。同意見書は、これまでの個別の自衛隊派兵法による活動に限界があるとして、今後の自衛隊による国際平和協力のあり方として、恒久派兵法については、①自衛隊派遣のさいの基準・目的・活動領域等を明確にし原則化すること、②迅速な派遣を可能とすること、③派遣に関する現行法ではカバーできない地理的範囲を補完することの三点の意義を指摘している。これは、同年一〇月の小泉首相の諮問機関が出した報告書の提言をより具体的に踏み込んだ内容となっている。

また、恒久派兵法制定に関連して、憲法改正、安全保障基本法制定、集団的自衛権行使にかかわる政府解釈の変更、自衛隊法改正の必要性も同時に提言されている。

なお、自衛隊と民間が協力して活動する日本型「民軍協力」の構築も提言されている（アメリカなどの民軍協力に重大な問題があることは指摘されていない）が、それは、「外国企業が軍の保護の下、ビジネスチャンスでもある復興支援開発に乗り出している中で、日本だけが乗り遅れる恐れもある」[29]ことに対する対策だとすれば、総じて恒久派兵法は、いわば現代の新自由主義経済のもとでグローバルに展開する資本・企業に必要なものとして位置づけられているといえよう。

その他、日本経団連の報告書「わが国の基本問題を考える」（二〇〇五年一月一八日）や「希望の国、日本」（二〇〇七年一月一日）においても、恒久派兵法に関する提言がなされている。両者はほぼ同じことを指摘しているが、後者の報告書では、「（憲法九条）第二項を見直し、憲法上、自衛隊の保持を明確化する。自衛隊が主体的な国際貢献をできることを明示するとともに、国益の確保や国際平和の安定のために集団的自衛権を行使できることを明らかにする」ことと、自衛隊の国際貢献については、「その基本方針を明確にし、場当たり的な特別措置法ではなく一般法を整備する」ことが提言されている。

いずれにしても、財界の恒久派兵法の提言は、国益論に基づき、あからさまな改憲や集団的自衛権行使容認論とともに主張されている点を警戒してみておくことが必要である。

(2)　アメリカの提言

二〇〇〇年一〇月の「第一次アーミテージ報告」が日本に集団的自衛権禁止の見直しや有事法制制定などを求めていたのに対し、二〇〇七年二月の「第二次アーミテージ報告」は、二〇二〇年に向けた日本の諸課題の中で、九条改憲と恒久派兵法制定に期待（派兵法関連では、アフガンやイラク戦争における日本の米国支援、および大量破壊兵器の拡散防止活動［ＰＳＩ］参加協力への日本の取り組みを評価）している点が注目される。それは、「憲法について現在日本で行われている議論は、地域［アジアを想定］および地球規模の安全保障問題への日本の関心の増大を反映するものであり、心強い動きである」。また、「一定の条件下で日本軍の海外配備の道を開く法律（それぞれの場合に特別措置法が必要とされる現行制度とは反対に）について現在進められている討論も、励まされる動きである。米国は、情勢がそれを必要とする場合に、短い予告期間で部隊を配備できる、より大きな柔軟性をもった安全保障パートナーの存在を願っている」という表現で述べられている。

このアーミテージ報告にみられるアメリカ側の恒久派兵法の必要性への提言は、改憲の要求とともに主張されている点で、日本財界の主張と同じである。この提言は、ブッシュ政権をチェインジしたオバマ政権にも引き継がれ、日本の自民党と民主党の二大保守政党によって具体化されていくことが危惧される。

4　自民党の恒久派兵法案

恒久派兵法に関する自民党内の提言としては、上述の二〇〇六年八月に作成された「国際平和協力法案」（第一条～六〇条）がある。これは相当まとまっており、今後の検討対象にもなるとされているので、その概要と問題点を以下に指摘しておこう。(30)

①　派兵根拠　国連関連機関の決議や要請以外に、日本が締結した条約で設立された国際機関など（政令で制定）の要請のほか、日本がとくに必要と認める事態で、紛争当事者の合意に基づく要請ないし他国の要請がある場合にも派兵できることになっている。これまでの派兵は建前上国連決議がある場合に限定されていたが、当該恒久派兵法案では国連決議がなくとも、アメリカ、NATO、アフガン政府などの要請でも派兵できるから、このような派兵であれば、アメリカの侵略行為に加担することになるか、集団的自衛権の行使となる。

②　国会承認　国連決議などに基づかない派兵は一年ごとの国会承認を要すると明記されているが、国連決議などがある場合の派兵については、国会承認手続きや派兵期限などが明らかにされていないためシビリアンコントロールがきかないという問題がある。

③　派兵地域　派兵は「国際的な武力紛争の一環として」、人の殺傷や物の破壊行為が行われていない地域とされている。テロ対策特別措置法やイラク復興支援特別措置法にも類似の規定があるが、当該恒久派兵法案では、国際的な（国家間）紛争でないような内戦やテロ活動が行われている地域であれば、世界のあらゆる戦闘地域に派兵が可能となる。

④　活動内容　従来の人道復興支援と後方支援活動だけでなく、安全確保、警護活動、船舶検査といった、明らかな軍事活動も可能となっている。人道復興支援の中には、従来の派兵法にはないような、派遣先国の軍隊関連組織の育成や武力攻撃を受ける派遣先国の国民保護なども含まれている。安全確保は、イラク復興支援特別措置法

で安全確保「支援」となっていた制約をはずし、巡回などにより紛争地の暴力や破壊行為を防止する治安活動を行う。警護活動は人・施設・物品の警護を行うが、安全確保の規定が準用されるため、安全確保の軍事的活動との区別は困難である。船舶検査については、船舶検査法ではできない軍事的強制力のある停船検査や回航、乗組員の拘束など（臨検）が、当該恒久派兵法案では可能になっており、危害射撃のための武器使用もできる。これはアメリカなどが行っている大量破壊兵器の拡散防止活動（ＰＳＩ）などへの参加を可能にするものであるが、憲法九条が禁止する交戦権行使に当たる。

⑤　武器使用　これまでは自衛隊員が正当防衛や自己の管理下に入った者の生命身体を守る場合にのみ小型武器に限定して使用できたが、安全確保、警護活動、船舶検査においては、自衛隊の部隊は権限行使への妨害や抵抗を抑止するのに必要な場合などにも武器使用ができる。しかも、この場合は小型武器に限定されていないという問題がある。

以上のような自民党恒久派兵法案が実施されることになれば、アフガンやイラク戦争でアメリカやその有志連合国が行っていたような占領地での治安活動を名目にするテロ掃討作戦や、海上における臨検活動などが、国連決議の有無に関係なく、いつでも世界のあらゆる地域で行うことができるようになる。

なお、自民党の恒久派兵法案における自衛隊の船舶検査やそれに伴う武器使用要件は、上述した海賊対処法における海賊船阻止のための武器使用を容認する内容になっている。それと同様のことは、安倍元首相のもとに設置された第四回「安全保障の法的基盤の再構築に関する懇談会」の中でも提言されている点に留意する必要がある。

5　民主党の恒久派兵法案

民主党の恒久派兵法案としては、上述の「テロ根絶法案」に含まれている「第五章　国際的なテロリズムの防止及び根絶に寄与する我が国の取組に係る基本的な法制の整備その他の措置」（第二五条〜二八条）が検討対象になる。これは自民党案に比べると極めて簡単ではあるが、基本的な考え方が示されている。

ただし、その内容をより具体的に把握するためには、すでに出されている民主党の「安全保障基本法案」（二〇〇三年九月国会提出。同年四月の旧自由党「安全保障基本法案」と同じもの）、「憲法提言」（二〇〇五年一〇月）、「政権政策の基本方針」（二〇〇六年一二月）などの関連文書のほか、小沢一郎議員の安全保障論[31]などをみる必要がある。

さて、「テロ根絶法案」では、国際的なテロ防止と根絶のための国際社会への寄与を含む、「我が国の安全保障の原則に関する基本的な法制の整備」の必要性という表現で、恒久派兵法の速やかな制定が提言されている。法整備においては、自衛権の発動に関する基本原則と、国連憲章七章の集団的安全保障に関する日本の対応措置に関する基本原則が定められることになるとされているが、以下のような点が問題である。

まず、自衛権については、「政権政策の基本方針」では、「これまでの個別的・集団的といった概念上の議論の経緯に拘泥せず……憲法第九条にのっとり行使する」と述べられているのは、個別的自衛権に限らず一定の集団的自衛権の行使を容認するものと解される。その記述には「専守防衛の原則に基づく」という条件が付されているので意味不明（ないし矛盾）の感があるが、それは政府見解と同様、それほど厳密な意味をもたないように思われる。というのは、政府が「専守防衛」を建前としつつ、日米軍事同盟のもとに米軍の海外戦争のさいに日本の基地を提供してきたことなどは、国際法的にみれば集団的自衛権行使を事実上容認しているといえるからである。それは、民主党についても、また国連決議に基づかない海外派兵や集団的自衛権行使を違憲としている小沢議員についても、日米防衛協力を重視している以上（「安全保障基本法案」など）、同様に指摘できる。

より端的には、「憲法提言」において、日本国憲法で認められる「制約された自衛権」の意味が国連憲章五一条の限定的な「自衛権」理解が戦後日本で培った「専守防衛」の考え方に重なると説明されていることは、限定的に集団的自衛権行使を容認するものといえる。「テロ根絶法案」では、テロリストの攻撃などから公海における「航行の安全を確保」するためであれば、国連決議に基づかなくとも、国際社会の取り組みに積極的に寄与すると提言されているが、それは、自民党案にみられた「船舶検査」やＰＳＩのような集団的自衛権行使を容認できる余地を与えている。

次に、集団的安全保障について、「テロ根絶法案」は国連の平和と安全の維持・確保に必要な措置をとるための組織の設置を提言しているが、「安全保障基本法案」では、防衛庁に設置される常設の「国際連合平和協力隊」を派遣して協力することが想定されている。「政権政策の基本方針」では、憲章四一条（非軍事措置）および四二条（軍事措置）による制裁も含め、国連の要請があれば国連平和活動に積極的に参加すること、そして同四二条による場合は武力行使を伴う（「安全保障基本法案」第七条）から、これまでの政府の武器使用基準の緩和の必要性も提言されている。それに関連する具体例と思われるが、「テロ根絶法案」は、国連決議がなされるならば、公海におけるテロ対策海上阻止活動（インド洋上の船舶検査など）への参加を検討するとしている。

なお、このような立場からすれば、自民党政府が提案して成立した海賊対処法について、海賊対処行動のさいに国会の事前承認を要するかどうかの若干の相違はあったにせよ、自衛隊海外派兵については論理的にも実質的にも賛成なのである。

結局、民主党の集団的安全保障は、「憲法提言」の表現によれば、「現状において国連集団安全保障活動の一環として展開されている国連多国籍軍の活動」（武力行使を含む）への参加を容認するということである。国連決議に基づかない海外派兵や集団的自衛権行使を極力制限するが、国連決議に基づく海外派兵や武力行使は積極的に認める立場である。それは、確かに、国連決議がなくとも海外派兵や武力行使ができることを強調する自民党の考えと基本は異なるところである。しかし、国連決議がある場合の多国籍軍への参加を容認する点では、自民党案と同じである。そうすると、アフガンに展開している国際治安支援部隊ＩＳＡＦ（実態はＮＡＴＯ軍の指揮による軍事掃討作戦を遂行し市民も殺害）などへの参加は理論上可能となる。これは、「国連中主義」論の観点から、民主党が政権をとればＩＳＡＦに参加すると述べていた同党の元代表の小沢一郎議員の見解と相通ずるものである。(32)

四　おわりに

おわりにあたり、以下、三点について言及しておきたい。一つは、本論で検討してきた海賊対処法と恒久派兵法案の違憲性の要点のまとである。二つ目は、海外派兵法正当化論の基本にある「国連中心主義」の問題点についてである。三つ目は、海賊対処法とその運用に対して、自衛隊イラク派兵違憲・名古屋高裁判決の論理が有効に使えるかの問題である。

1　海賊対処法と恒久派兵法案の違憲性

海賊対処法と恒久派兵法案については、次のようなことが指摘できる。

第一に、海賊対処法は、一見軍事に関係ないような海賊対処を名目としているが、従来の海外派兵法と同様、平和憲法に違反する。

第二に、海賊対処法の制定は、恒久派兵法の内容を部分的に先取りするものであり、恒久派兵法制定を促進する要因になる。他方、恒久派兵法案には、海賊対処法で実施しようとしている活動がすでに取り入れられている。

第三に、そのような海外派兵法制定の背景にあるのは、シーレーン防衛における日米同盟のグローバル化と、それを利用した日本独自の軍事力による国益（経済活動など）の確保である。

第四に、右の利益追求に意義があるとする立場は、「国際貢献」を名目に、海外派兵ないし集団的自衛権行使を可能にするために、平和憲法の改正（改悪）を主張しているということである。

第五に、民主党の恒久派兵法に相当する「テロ根絶法」案は、海賊対処法や自民党の恒久派兵法案と基本的に共通する内容を含んでおり、いずれも平和憲法を否定するものである。その前提には、国連安保理決議がある場合には、自衛隊を海外派遣しても憲法九条に抵触しないという共通の認識、いわゆる「国連中心主義」がある。

第六に、平和憲法をもつ日本がなすべき国際貢献は非軍事的な手段によるべきであり、海賊対処についても、ソマリアやソマリア沖沿岸国への治安や海上保安機能強化への支援、あるいは海賊行為発生の原因になっているソマリアの貧困問題解決への支援の形で行うことが望ましいということである。

2　海外派兵法正当化論の「国連中心主義」の問題

上記の第四や第五の要点で指摘した集団的自衛権行使容認論と「国連中心主義」論の問題点について、平和憲法の理念と関連させて批判するならば、次のことが指摘できる。

まず確認しておきたいことは、軍隊をもたず、国際紛争の解決に当たり国権の発動としての武力行使を禁止し、かつ交戦権を放棄する憲法九条からは、いかなる紛争（国家や集団が絡む紛争）に対しても、後方支援も含め軍事的に関与しない中立(国)が要請されていると解される、ということである。この中立義務が一時的なものでなく恒常的なものであるとすれば、憲法九条の要請する中立は「非武装永世中立主義」ということになる。このような前提で考えるならば、集団的自衛権はもちろん、いかなる名目の自衛隊海外派遣ないし海外派兵も認められない。国連決議による多国籍軍の活動といえ、それは本来の国連軍でもなく、現実的には利害関係国による軍事行動、ないし集団的自衛権行使に匹敵する軍事行動であり、基本的には国連の統制に服していないのである。

ところが、「国連中心主義」論は、このような現実を度外視して、日本国憲法の平和主義の理念を、国連の決議や要請を名目とする海外派兵を正当化することに用いている。あるいは、日本国憲法の平和主義の理念を、武力行使を必ずしも否定していない国連憲章の安全保障論に還元しているといえる。それは結果的には、憲法九条の非戦・非武装・中立（永世中立）の原則を否定することになる。このような意味で、集団的自衛権行使容認論に基づく安全保障論はもちろん、「国連中心主義」論に基づく海外派兵論にも賛成できない。(33)

3　海外派兵法と自衛隊イラク派兵違憲・名古屋高裁判決

これまでの種々の自衛隊海外派兵違憲訴訟では違憲判決は出されてこなかったが、自衛隊イラク派兵違憲訴訟・名古屋高裁判決（二〇〇八年四月一七日）が自衛隊派兵について一部違憲判決を下したことは、海外派兵に対する司法的警告として注目される。(34)

同判決では、自衛隊の派兵根拠となっているイラク復興支援特別措置法の違憲か合憲かについては何も言及されていない点や、同特別措置法に基づいて自衛隊がイラクに派兵されたこと自体の違憲確認請求が当該事件の具体的な権利関係にかかわらない抽象的な違法確認を求めるもので不適法として却下されている点については、上記の私見からすれば、疑問がないではない。つまり、海外派兵法自体を違憲とする論理を提供していないという意味では、理論的にも、運動論的にも限界があるといえる。(35)

しかし、同判決は、長沼ミサイル基地事件の地裁判決についで国民の平和的生存権の具体的権利性を認めたこと以外に、バグダッド空港を拠点とする航空自衛隊による多国籍軍の武装兵士などの輸送活動の実態が、戦闘地域での活動と武力行使を禁止しているイラク復興特別措置法に違反し、国際紛争解決の手段として武力行使を禁止する憲法九条一項にも違反すると判示したこと（法律の運用違憲論）は、裁判的次元では高く評価されるところである。この判決の論理によれば、ソマリア沖での自衛隊の護衛艦やジプチに配備されているＰ３Ｃ哨戒機等の活動が実態として軍事活動に従事していると認定されるならば、憲法九条一項に違反するとの解釈の余地もありえよう。

（1）　山本草二『海洋法』（三省堂、一九九二年）二三二頁以下、島田征夫・林司宣『海洋法テキストブック』（有信堂高文社、二〇〇五年）一〇二―一〇四頁など。

（2）　安倍首相の諮問機関「安全保障の法的基盤の再構築に関する懇談会」のメンバーである国際法学者の村瀬信也教授の見解については、同「テロ特措法に並ぶ急務　集団的自衛権の法解釈を見直せ」『WEDGE』二〇〇七年一〇月号五―六頁。

（3）　二〇〇一年の海上保安庁法改正により、海賊船を停船させるための武器使用が可能になったのは、海上保安庁が能登半島沖で北朝鮮不審船を取り逃がした教訓をきっかけにしているが、そこには海上保安庁の警察活動に軍事的役割を付与する意図も窺われる。この点については、前田哲男「海上保安庁法の改定と領域警備」山内敏弘編『有事法制を検証する』（法律文化社、二〇〇二年）一八四頁以下参照。

（4）　政府見解については、平岡秀夫・民主党衆議院議員による海賊対策に関する質問主意書（二〇〇九年一月二八日）に対する政府答弁書（同年二月六日）、国際法学者の見解として、『毎日新聞』（二〇〇九年三月二〇日付）掲載の村瀬信也教授の説を参照。

（5）　D.Guilfyle, The Legal Challenges in Fighting Piracy, in: B.v.Ginkel and F.-P.v.derPutten (Ed.), The International Response to Somalia Piracy, 2010, p.146.

（6）内藤光博「今なぜ自衛隊のソマリア派兵か」『法と民主主義』二〇〇九年五月号三六―三七頁、清水雅彦「海上保安庁の『軍事化』」『法と民主主義』（前掲）五一頁以下。
（7）田中隆「ソマリア派兵・海賊対処法がなげかけるもの」『月刊憲法運動』二〇〇九年七月号七―八頁。
（8）リチャード・アーミテージ、ジョセフ・ナイ、春原剛『日米同盟 vs.中国・北朝鮮』（文芸春秋、二〇一〇年）二七〇―二七二頁［アーミテージの発言］。
（9）UN.S/RES/1816,2 June 2008; UN.S/RES/1838,7 October 2008; UN.S/RES/1851,16 December 2008.
（10）藤本俊明「ソマリアの人々に希望の未来を」『法と民主主義』（前掲）四八頁。
（11）『朝日新聞』二〇〇九年一月八日付。
（12）稲坂硬一「ソマリアの海賊、日本の無策」『軍事研究』二〇〇九年一月号一八〇頁以下、武田いさみ「ソマリア海賊の深層に迫る」『世界』二〇〇九年三月号三六頁以下、山崎正晴『ソマリアの海で日本は沈没する』（ＫＫベストセラーズ、二〇〇九年）など参照。
（13）海賊対処法案に対する赤嶺政賢議員の衆院本会議における反対討論（『しんぶん赤旗』二〇〇九年四月二四日付）、山田吉彦「ソマリア沖の海自艦に忍び寄る悪夢のシナリオ」『正論』二〇〇九年六月号二五九―二六〇頁参照。
（14）藤本俊明「ソマリアの人々に希望の未来を」（前掲）四七―四八頁。阿部浩己「〈人類の敵〉海賊」『現代思想』二〇一一年七月号一五三―一五四頁も参照。
（15）小寺彰「給油問題に国連決議不要」二〇〇七年一〇月九日付『日本経済新聞』。
（16）枝川充志「『海賊対処法』の名の下での海外派兵」『月刊憲法運動』二〇一一年九月号二〇―二二頁。
（17）谷口長与「狙いはアフリカのエネルギー資源確保だ」『世界』二〇〇九年三月号四五頁以下、富坂聰「ソマリア沖はすでに中国艦隊の演習場である」『諸君』二〇〇九年五月号八〇頁以下など参照。
（18）『毎日新聞』二〇〇九年二月一八日付。
（19）「第二次アーミテージ報告」は、リチャード・アーミテージ（共和党系）とジョセフ・ナイ（民主党系）らが超党派的立場で作成したアメリカの安全保障政策。
（20）『読売新聞』二〇一一年七月八日付、枝川充志「『海賊対処法』の名の下での海外派兵」（前掲）一八―一九頁など参照。基地の開設や利用条件は、二〇〇九年四月三〇日締結された「日・ジブチ地位協定」で規定されている。
（21）半田滋『ドキュメント防衛融解』（旬報社、二〇一〇年）二〇―二二頁。

(22)「新安保懇談会」(「新たな時代の安全保障と防衛力に関する懇談会」の略称)の簡単な説明については、本書第四章注(7)参照。

(23)『朝日新聞』二〇〇八年一一月一五日付。

(24)平岡秀夫・民主党衆議院議員による海賊対策に関する質問主意書に対する二〇〇九年二月六日政府答弁書(前掲)のほか、前田哲男「海賊対策にはソフトパワーを」『世界』二〇〇九年三月号三二頁以下、『ニューズウィーク』(日本版)二〇〇九年二月一一号四〇頁、菊池雅之・柿谷哲也『最新日本の対テロ特殊部隊』(アリアドネ企画、二〇〇八年)一六六頁以下など参照。

(25)田川実「ソマリア沖海賊問題の背景と解決の道」『前衛』二〇〇九年四月号九五頁以下のほか、与党PT会議に提出された二〇〇九年二月五日の資料・外務省「ソマリア沖海賊対策における国際協力」『月刊憲法運動』二〇〇九年三月号二三―二四頁参照。

(26)田中隆「ソマリア派兵・海賊対処法がなげかけるもの」(前掲)三頁、半田滋『ドキュメント防衛融解』(前掲)二三頁参照。

(27)『毎日新聞』二〇一一年一月四日付。

(28)高山昌治郎「安全保障と法——恒久法論議と憲法第九条を中心として」森本敏編『日本の安全保障問題』(海竜社、二〇〇七年)四二七頁以下参照。

(29)『産経新聞』二〇〇四年一一月二五日付。

(30)隅野隆徳「自衛隊海外恒久派兵法案を検証する」『月刊憲法運動』二〇〇七年一二月号二頁以下、内藤功「恒久派兵法の問題点と自衛隊イラク派兵違憲判決の意義」『法と民主主義』二〇〇八年八・九月号四頁以下など参照。

(31)小沢一郎「今こそ国際安全保障の原則確立を」『世界』二〇〇七年一一月号一四八頁以下。

(32)小沢一郎の安全保障論の問題点については、澤野義一「永世中立と非武装平和憲法」(前掲)二一八―二二〇頁。民主党の改憲論も含めて、同『平和主義と改憲論議』(前掲)八四―八五頁のほか、山口響「民主党改憲案の展開」『ポリティーク』(旬報社、二〇〇六年)一一号二二八頁以下、上脇博之「各政党の憲法観」法学館憲法研究所編『日本国憲法の多角的検証』(日本評論社、二〇〇六年)一六五頁以下など参照。

(33)このような私見については、澤野義一『非武装中立と平和保障』(青木書店、一九九七年)一五五頁以下、同「国際社会への『貢献』と平和主義」『法律時報』二〇〇七年七月号四七頁以下(本書第四章参照)。

(34)澤野義一「最近の改憲動向と恒久派兵法」『社会評論』二〇〇八年夏号六〇―六二頁。

(35)この点では、日本とは憲法訴訟制度は異なるが(コスタリカでは抽象的違憲審査も可能)、イラク戦争を支持したコスタリカ政府に対し、非武装憲法、永世中立、平和的生存権の憲法的価値を踏まえて、政府の戦争支持声明自体を違憲として、アメリカの有志連合リストからコスタリカ名を削除させる外交措置をとらせたコスタリカ最高裁憲法法廷判決が注目できる（二〇〇四年九月）。詳細は、本書第二章参照。

第六章　北東アジアの安全保障と日本の平和憲法
——朝鮮半島有事論との関連で——

一　はじめに

アジア太平洋戦争の反省のもとで一九四六年に制定された日本の非戦・非武装主義の平和憲法（憲法前文と九条）は、とりわけアジア諸国（諸国民）に対する不戦の国際的約束を表明したものとみれば、平和憲法が維持されることが、北東アジアの平和と安定にも貢献することになると考えられる。

現実的には、一九五〇年の朝鮮戦争以来、日米安保体制のもとでの再軍備と軍事力強化により平和憲法が形骸化されてきている。また、軍隊をもち戦争ができるような憲法改正も、保守勢力から提案されてきている。そのような提案の背景になっている主要な理由の一つが、朝鮮半島有事ないし北朝鮮脅威論である。

しかし、このような事態を想定して軍事法制を整備し、さらに平和憲法の改正を行うことは、むしろ、北東アジアの軍事的緊張を高め、不安定要因となるのではなかろうか。本章では、北東アジアの安全保障について、日米安保や日本の軍事力強化の観点からでなく、日本の平和憲法を生かす観点から考察することにする。

二　朝鮮半島有事論と軍事法制整備の動向

朝鮮半島有事ないし北朝鮮脅威論を理由とする軍事法制の整備は、憲法九条の形骸化をもたらしている。それは明文改憲をせずに、憲法の解釈や運用により、実質的に改憲を行うことに等しい。改憲論の問題については後述することにして、ここでは、朝鮮半島有事を理由とする軍事法制整備の動向について概観する。(1)

自衛隊(法)の創設（一九五四年）による日本の再軍備を促すきっかけは東西冷戦下の朝鮮戦争であったが、日本の軍備強化を要請する対外的な取り決めとしては、一九五一年締結の日米安保条約の存在が重要である。同条約は、日本軍の強化以外に、朝鮮戦争にかかわる米軍支援や、米軍の極東防衛を支援する目的をもっていた。このような背景のもとで、一九五〇年代半ば頃から、保守勢力による平和憲法の改正論も登場することになる。

また、一九六〇年代に入ると、第二次朝鮮戦争を想定した防衛庁による秘密の三矢作戦計画（一九六三年）において、有事立法研究がなされる。それは、北朝鮮・中国・ソ連に対してアメリカが行う朝鮮戦争に日本も軍事協力するための立法研究である。この研究はその後、公然と行われるようになるが、国会で有事法制が成立するのは、後述する冷戦後の二〇〇三年から二〇〇四年にかけてである。

冷戦後は、冷戦下よりも地域紛争が多発することが想定されることになったこと、北東アジアでは一九九三年から翌年にかけて発生した北朝鮮の核開発疑惑やＮＰＴ（核不拡散条約）脱退に関する核危機、あるいはアメリカがアジア経済に関心を持ち出したことなどを背景に（一九九五年の「ナイ・レポート」参照）、日米安保再定義（一九九六年日米安保共同宣言）に基づき、一九九七年には、日米安保の適用について、アジア太平洋地域に重点をおきつつも、極東を超えて地球規模にまで拡大する日米新ガイドライン（日米防衛協力の指針）が策定された。それを立法的に具体化したのが一九九九年の周辺事態法である。同法では、日本周辺有事においては自衛隊だけでなく自治体と国民も後方支援を求められるが、日本周辺地域は特定されていない。しかし、そこで想定されているのは、朝鮮半島有事および、中国と台湾に関する台湾有事である。

なお、周辺事態法の成立と同時に、政府が地方自治体に軍事協力を強制できる地方自治関連法の改正も行われたほか、日本周辺有事にさいして米軍が使用する地域の空港や港湾などの特定化も行われている（本書第七章参照）。

周辺事態法につづいて有事法制が制定されるのは、二〇〇三年から二〇〇四年にかけてである。その背景には、日米新ガイドラインのよりいっそうの具体化を日本に求めてきたブッシュ政権の安保政策となった「アーミテージ報告」（二〇〇〇年）の要請があった。そこには、有事法制制定だけでなく、集団的自衛権行使禁止の見直し、日米共同ミサイル防衛などが求められている。現実的な問題としては、小泉政権下で、テロ対策や二〇〇一年に起きた北朝鮮の不審船事件（北朝鮮脅威論）対策なども「有事」の対象とすべきだとする意見が出たことが、有事法制成立のきっかけとなった。

有事法制は、日本に対する武力攻撃事態等にさいし、自衛隊と米軍の軍事行動を円滑に遂行させると同時に、その軍事行動に対し自治体や国民に協力を要請するものであるが、周辺事態法と異なり、その要請は強制力が伴うようになっている。

この有事法制が実際に適用されるとすれば、日本が外国から直接攻撃されるというよりも、米軍がかかわる日本周辺有事が日本に波及してきたさいに周辺事態法が発動される状況であろう。もっとも、朝鮮半島と北東アジアの平和と安定を求める「六カ国協議」（北朝鮮、韓国、アメリカ、中国、ロシア、日本）が順調ではないが存続していることなども考慮すると、このような有事が現実に生ずる可能性は考えにくい。しかし、二〇〇六年一〇月の北朝鮮の核実験や国連の対北朝鮮制裁決議をきっかけに、北朝鮮に出入りする船舶を公海上で警告射撃も含めて強制捜査（臨検）できるように、船舶検査法を改正すべきだとする意見や、米軍以外の軍への後方支援も可能になるように、周辺事態法を改正すべきだとする意見などが出ている。また、自民党政権下で、大臣や自民党幹部などによる日本核武装論議も提起されるようになった。さらに、二〇〇六年一二月には、自衛隊の本来任務を自国防衛のほかに海外派兵を加える自衛隊法改正が行われたことを踏まえ、自民党や民主党などの保守政党により、いかなる地域であれ自衛隊を派遣できる恒久派兵法の制定も検討されている（本書第五章参照）。

民主党政権になってからも、朝鮮半島有事論は変わっていない。例えば、菅首相に提出された二〇一〇年八月の「新安保懇談会」報告書では、「北朝鮮は、国際社会の圧力、制裁にもかかわらず、核・弾道ミサイル開発を続け、瀬戸際外交を繰り返している。……北朝鮮の核・弾道ミサイル開発、あるいは特殊部隊による活動は、日本を含めた北東アジア地域にとって直接的な脅威である」とし、日本のミサイル防衛能力の向上や、有事法制の国民保護措置（自治体との連携）による被害の極限が攻撃の効果を低減させることになる、と提言している。なお、この報告書においては、中国海軍の日本近海での活発な動きを警戒して、中国脅威論も強調されるようになっている。

三　朝鮮半島有事論と平和憲法の改正論

以上のような朝鮮半島有事を理由とする軍事法制整備の動向や核武装論は、国際的な六カ国協議の目標に反するとともに、日本の平和憲法の理念を実質的に否定するものである。しかし、保守勢力は、平和憲法の実質的否定にとどまらず、軍事法制整備の動向を憲法的にも正当化するために、平和憲法の改正（新憲法の制定）を提案してきた。

このような改憲論議が冷戦後本格的に動き出すのは、一九九七年の日米新ガイドラインの策定時と重なっている。同年、国会で憲法調査会の設置を求める保守派議員らの組織（「憲法議連」）が結成された。国会の憲法調査会が設置されるのは一九九九年（国会法改定）であるが、その審議は二〇〇〇年一月から二〇〇五年四月までの約五年間行われた。その後間もなくの二〇〇五年一〇月、自民党は新憲法草案を公表した。(2)

平和憲法改正必要論の名目としては、自国防衛以外に「国際平和貢献」論が重視されている。しかし、「国際平和貢献」論の実態は、日米安保に基づく米軍支援ないし海外派兵であるから、集団的自衛権行使を認めることが必要となる。それは同時に、日本の海外権益（国益）確保とも結びついている。したがって、アジアとの関連においてみると、財界からは、「東アジア経済圏の確立にさいし日本がリーダーシップをとるには軍事力の充実が必要」という意見が出されるのである。(3)また、森本敏教授の見解によれば、アジア太平洋地域において海洋国家としての日本の国益を追求し、かつ当該地域の安定をはかるためには、災害救援・海賊対策から軍事問題に至るまで、「日米同盟を基軸として、韓国、オーストラリア、ニュージランド、ＡＳＥＡＮ諸国、インドとの連携」が重要視される。そして、この提案も、日本が防衛対象とすべき当面の脅威としては、価値観を共有しない北朝鮮や中国に関連する脅威論を前提にしている。(4)

最近は中国脅威論も目立つようになっているが、軍事法制整備の動向や平和憲法の改正論の背後にある、アジア太平洋とりわけ北東アジア地域における脅威論の中心にあるのは、依然として北朝鮮脅威論である。長期的には中国脅威論が念頭にあるとしても、日本国民に受け入れやすい直接的脅威論の対象は北朝鮮である。

しかし、北朝鮮脅威論には疑問がある。というのは、北朝鮮の核開発の動機がアメリカによる先制攻撃の抑止とアメリカとの国交正常化にあることを理解すれば、北朝鮮の核ミサイルなどによる軍事的な先制攻撃を日本にとっての脅威とみる必要はないからである。[5] 日本でみられるような北朝鮮脅威論は、六カ国協議参加国の中でも特有のものである。また、冷戦後の北朝鮮をめぐる北東アジアの軍事的脅威は、例えばＮＡＴＯ（北大西洋条約機構）とロシア・ＣＩＳ（独立国家共同体）が対峙する中で生ずる欧州周辺地域の軍事的脅威に比べてみても大きくはない。[6]

このような認識に立てば、日本が朝鮮半島有事ないし北朝鮮脅威論に基づいて、日本の軍備を強化し、平和憲法を改正する必要はない。むしろ、日本の軍事強化と平和憲法の改正は、アジア諸国（諸国民）に対し戦後責任をまだ果たしていない状況下では脅威を与え、アジア地域の軍拡を促し、地域の不安定化の要因にもなる恐れがある。日本がなすべきことは、平和憲法の理念に基づいて、北東アジアの地域的安全保障のための提言や貢献をすることである。[7] これについては、以下で言及する。

四　平和憲法の理念を生かした北東アジアの地域的安全保障政策

世界の地域的安全保障機構として、ヨーロッパの欧州連合（ＥＵ）や欧州安保協力機構（ＯＳＣＥ）、アフリカのアフリカ連合（ＡＵ）、東南アジアの東南アジア諸国連合（ＡＳＥＡＮ）やアセアン地域フォーラム（ＡＲＦ）、全米の米州機構（ＯＡＳ）などがある。しかし、このような機構は北東アジアには存在していない。そこで、北東アジアの地域機構の枠組みを形成する端緒として期待されているのが「六カ国協議」である。六カ国協議は二〇〇三年から始まるが、二〇〇五年九月一九日の第四回協議共同声明において約束された「北東アジア地域の永続的な平和と安定のための共同の努力」を実施するため、二〇〇七年二月一三日の第五回協議合意文において、「北東アジア

の平和及び安全のメカニズム」作業部会を設置することが決められた。(8)

実際には、北東アジアの地域機構ないし共同体を創設するのは容易ではないであろう。しかし、当該機構にどのような特色（性格や活動方針など）を与えるのかについて、ここでは、日本の平和憲法の理念や、それに基づいて行われている地方自治体からの平和創造に関する運動などを参考に提案することにする。

日本の平和憲法の理念としては、軍事力をもたずに紛争を平和的に解決する徹底した非戦・非武装平和主義、および交戦権放棄を根拠に集団的自衛権を認めない中立主義（永世中立）が参考となる。日本政府は自衛力と日米軍事同盟を容認しているが、建前としては、自衛隊の海外派兵禁止原則、集団的自衛権の不行使原則、「核をつくらず、持たず、持ち込ませず」という非核三原則、国際紛争中の国などには武器輸出を禁止する武器輸出三原則などを方針にかかげていることも参考になる。ただし、これらの原則は実態的には形骸化されているので、より徹底される必要がある。地方自治体からの平和創造に関しては、非核平和都市や無防備平和都市宣言に関する提言と運動が参考になる（本書第八章参照）。

以下、このような観点を踏まえて、北東アジアの地域機構ないし共同体は、差し当たり、不戦（非戦）共同体、中立地帯、非核地帯、平和都市連合体という、四つの特色をもつ共同体ないし地帯であるべきことを提案したい。もちろん、これらは新規の提案ではなく、ある程度はすでに提案されているものである。

1　不戦共同体

ここでいう不戦共同体とは、共同体域内では、いかなる場合にも、武力で紛争を解決しないことを約束する共同体である。このような考え方を規範的に具体化している例としては、東南アジア友好協力条約（TAC、一九七六年、インドネシア、マレイシア、フィリピン、シンガポール、タイのアセアン原加盟五カ国で締結）がある。なお、現在のアセアン一〇カ国（上記五カ国のほかブルネイ、ベトナム、カンボジア、ラオス、ミャンマー）は、二〇〇七年一一月に、東南アジア友好協力条約や、アセアン関連の他の条約および宣言などで示された基本原則を踏まえたアセアン共同体（二〇一五年発足予定）の法的枠組みとなる「アセアン憲章」に署名している（二〇〇八年一二月一五日発効）。

それはともかく、国連憲章や世界のほとんどの憲法は、確かに武力で紛争を解決しないことを原則としているが、武力行使を完全に禁止しているわけではない。それに比べ、東南アジア友好協力条約は、国連憲章の原則を踏まえながらも、国連憲章や各国憲法と異なり、最後の手段としての武力行使も認めていない。この意味では、日本の平和憲法の理念に近い。なお、同条約の規範的内容として、①独立、主権、領土保全および国家間の相互尊重、②他国からの干渉、転覆、強制の排除、③内政不干渉、④対立、紛争について平和的手段による解決、⑤武力行使の威嚇の放棄があるとされている(9)。

この東南アジア友好協力条約には、アセアン諸国と他の東アジア諸国のほとんどが加入していたが、二〇〇八年七月に北朝鮮も加入したことにより、すべての東アジア諸国が加入することになった（太平洋のオーストラリアや欧州のフランスなども含む二五カ国）。なお、アセアンには、アセアンの安全保障について協議するアセアン地域フォーラム（ARF、一九九四年）が設置されており、北朝鮮を含む東アジア諸国のほか、アメリカ、カナダ、EUなども参加している。

さて、六カ国協議参加国のうちアメリカは東南アジア友好協力条約加入国でないが、当該条約の理念を尊重する方針をとっている。また、六カ国協議の進展の中で、南北朝鮮間の不戦や、朝鮮戦争の停戦を終戦に導くことが合意されたこと（二〇〇七年一〇月四日、南北朝鮮の発展と平和繁栄のための宣言）も、北東アジアが不戦共同体となりうる条件があるといえる。さらに進めて、六カ国間においても不戦条約を締結すべきである。このような方向に進むことになれば、それは日本の平和憲法の理念に沿うものといえよう。[10]

2　中立地帯

北東アジア地域機構が上記のような不戦共同体であるとすれば、それは軍事力の提供により相互に防衛しあう（集団的自衛権を行使する）軍事同盟的な共同体であることは避けなくてはならない。具体的には、六カ国間相互において冷戦時代からの軍事同盟があるのは日米と米韓であるから、この同盟関係を解消することが必要となる。そのうえで、北東アジア域内には、軍事同盟関係を持ち込まない約束をすることが望まれる。

ただし当面は朝鮮半島の安全保障が焦点になっているので、まずは朝鮮半島の中立地帯化を考えると、米韓軍事同盟条約を非軍事的な平和友好条約に転換する必要がある。そのさい、南北朝鮮それぞれが中立国宣言を行うか、朝鮮半島の中立化宣言を行い、他の四カ国がそれを保障することにすればよい。

後者の中立化宣言方式に関する見解については、姜尚中教授が次のように述べている。すなわち、六カ国協議の中で、「南北両朝鮮の休戦協定を平和協定に切りかえ、そして平和協定の名のもとにおいて軍備管理、軍縮を進め、南北共存の枠組みをつくり、将来的には四大国の国際的な保障のもとにおいて南北両朝鮮が中立化へと向かっていくような構想」、そして「朝鮮半島を永世中立化し、四大国の国際的な保障のもとにおいて北東アジアの集団的な安全保障システムをつくる。これは集団的自衛権とは違う、集団的な国際的警察機構である」[11]と。

それ以前にも、類似の見解は、アメリカの研究者からも提言されている。例えば、イン・クワン・ファン教授は、南北朝鮮の統一のプロセスにおいて、スイスやオーストリアの経験を参考に、朝鮮半島の永世中立化を四大国が承認・保障すること、そして、中立化の枠組みの中で米軍を撤退させ、ディスアーマメント（軍縮）も進めるという構想である。また、朝鮮半島の中立化は、東アジアの平和・安定・安全保障の樹立にも有益であるという。さらに、朝鮮半島の中立化をもたらす契機としては、六カ国協議がチャンスであるとの指摘もなされており、興味深い[12]。

このように考えると、北東アジアの地域機構は、現在のところ、NATOなどと軍事的協力関係を強めつつある欧州連合（EU）のような地域機構をモデルにするのは適切ではない[13]。

なお、朝鮮半島の中立地帯化を考えるさい、アジアには参考となる地域的な中立宣言や永世中立国憲法がある。前者については、東南アジア友好協力条約（TAC）成立の基になっている一九七一年の「東南アジア平和・自由・中立宣言」（ZOPFAN、クアラルンプール宣言）がある。それは、アセアン（原加盟五カ国）が、東南アジアを外部からのいかなる干渉からも免れた平和・自由・中立地帯として承認されることが保障されるよう努めることを宣言している。この宣言には、軍事同盟参加や外国軍事基地設置が禁じられていないことから、厳密な意味の永世中立が指向されているとはいえないという問題がある[14]。

後者の永世中立憲法については、東南アジアでは、アセアン加盟国でもある一九九三年のカンボジア憲法が非同盟・永世中立を規定している。中央アジアでは、一九九五年、トルクメニスタンの永世中立が国連承認をうけて、憲法にも規定された。トルクメニスタンは権威主義的政権でありながら、国際社会の承認をえて永世中立国になった事例（非同盟会議にも加盟）であるという意味では、北朝鮮の中立国化を考えるさい、スイスやオーストリアよりも適切なモデルとなりうるであろう（本書第一章四の4参照）。

日本の平和憲法は非同盟や永世中立を明記していないが、日本の安全保障としては、非武装永世中立を宣言している中米のコスタリカ憲法のように、憲法九条の解釈から中立政策が要請されるという見解によれば、日本が北東アジアにおいて朝鮮半島の中立地帯化を提言するだけでなく、日本自身も日米軍事同盟を解消し、永世中立国家を目指すことが、北東アジアの軍事的緊張緩和と軍縮、さらには中立地帯化を進めるうえでも必要である。(15)

3　非核地帯

朝鮮半島の非核化については、冷戦後の一九九二年の「南北非核化共同宣言」の合意が六カ国協議を通じて実施されていくことになっている。すなわち、二〇〇五年九月一九日の第四回協議共同声明において、北朝鮮は「すべての核兵器及び既存の核計画を放棄すること、並びに、核兵器不拡散条約及びＩＡＥＡ保障措置に早期に復帰すること」、アメリカは「朝鮮半島において核兵器を保有しないこと、及び、朝鮮民主主義人民共和国に対して核兵器又は通常兵器による攻撃又は侵略を行う意図を有しないこと」、韓国は「その領域内において核兵器が存在しないことを確認するとともに、一九九二年の朝鮮半島の非核化に関する共同宣言に従って核兵器を受領せず、かつ、配備しないこと」が再確認されている。また、二〇〇七年二月一三日の第五回協議合意文においては、「朝鮮半島の非核化」作業部会が設置され、二〇〇七年一〇月三日の第六回協議合意文においては、北朝鮮のあらゆる現存核施設の無力化の合意や、核物質・技術・ノウハウを移転しないことの再確認などがなされている。

このように、朝鮮半島の非核化については、確かに一応の見通しが立っている。しかし、北朝鮮の非核化をよりスムーズに促すためには、韓国と日本がアメリカとの軍事同盟による「核の傘」の下に置かれている状況を解消することも必要と思われる。また、その問題がクリアされないと、北東アジア地域の非核化の障害となりうる。(16)この点は、上述の北東アジアの中立地帯化の課題とも重なる。

ところで、非核地帯は、世界的には、ラテンアメリカ、南太平洋、アフリカ、中央アジア、東南アジアの五つの地域において条約で保障されているが、北東アジアにおける非核地帯条約の締結はこれからの課題である。

その実現方法としては、まず、北朝鮮・韓国・日本が核をもたないことを約束する条約を締結することが妥当であろう（二〇〇〇年に一国で非核地帯化を宣言しているモンゴルを加えることも可能）。そのうえで、核を保有するアメリカ・ロシア・中国が当該非核地域に対して核の使用や威嚇をしたり、持ち込んだりしないことを約束する当該条約の議定書に署名してもらうことである。(17)

なお、一九九五年の東南アジア非核地帯条約（バンコク条約）は、一九七一年の「東南アジア平和・自由・中立宣言」を具体化する一環としてアセアン一〇カ国により締結されているが、核兵器保有国のアメリカは条約の議定書への署名を拒否し、中国は未署名であるなど、条約の実効性に問題を残している。

しかし、北東アジアの非核地帯条約については、六カ国協議を通じて締結されていく可能性があるので、その実効性は期待できるかもしれない。そのさいには、日本は平和憲法と非核三原則の理念を対米関係だけでなく、六カ国協議においても生かすことが求められる。(18)

4　平和都市連合体

以上に提案した不戦（非戦）共同体、中立地帯、非核地帯といった特色をもつ北東アジアの地域的安全保障（機構）は、最終的には政府間協議で創造されることになるとしても、市民、NGO、地方自治体など（市民社会）による積極的な提言や運動なしには創設されることは困難であろう。そこで、市民社会の方から政府に働きかけていくことも必要となるが、例えば北東アジア地域で非戦・非核を宣言する自治体ないし都市が連合して、非戦・非核の国家や北東アジア地域を創設すべきことを各国政府に提言するというような方法が有効ではないかと思われる。そのためには、非戦・非核の平和都市が北東アジアの各地域で生まれることが望まれる。

まず、非核地帯に関連した課題について述べる。日本では、自治体の約八六％（自治体数一七九四のうち一五三四）が「非核平和都市宣言」をしているが、当該自治体間でつくられている非核宣言自治体協議会（約二七一自治体で組織）は、核廃絶を内外に訴えてきている。国際的には、世界一五〇カ国・地域の四七〇四都市が参加するＮＧＯ組織「平和市長会議」が核廃絶に向けた連携行動をとっているが、その会長を日本の広島市長が務めている。日本の自治体は、このような非核運動の経験や蓄積を、姉妹都市の自治体交流を通じて、非核平和都市がとりわけ北東アジアにおいて増えていくための努力を継続していく必要があろう。上記の非核宣言自治体協議会の二〇〇八年五月総会で、北東アジア非核兵器地帯構想を普及させる方針が決定されて以降、この普及活動の取り組みがなされている。(19)

次に、不戦共同体に関連した課題について述べる。北東アジアの国家間において武力で紛争を解決しない不戦共同体を創造するプロセスにおいて、自治体の方から先んじて非戦の自治体をつくることが望まれる。非戦の自治体をつくる試みの一つとして、日本には「無防備平和都市宣言」運動がある。それは、侵攻してくる外国軍に対して、軍隊がなく（場合によっては軍備があってもよい）軍事的敵対行為をしない都市は武力攻撃が禁止されるという国際人道法（ジュネーブ条約追加第一議定書五九条）を、自治体で活用する運動である。国際人道法は、戦時における無防備平和都市宣言について規定しているが、平時から、無防備平和都市をつくっていくことが必要である。無防備平和都市は、外国軍の不当な支配に服従しないだけでなく自国政府の戦争に対しても協力しない性格をもつから、日本の有事法制が自治体や住民に戦争協力を求めることに対する抵抗の拠点ともなりうる。これは「国家の安全保障」でなく「人間の安全保障」の観点に基づく平和論とも合致する。

政府は無防備平和都市宣言を認めることに消極的であるが、今後、無防備平和都市の意義について、内外で周知される必要がある。無防備平和都市の意義が知られ、当該都市（あるいは無防備平和都市連合体）が内外で増えてくれば、国家レベルの不戦や中立宣言の意義について関心がもたれる良好な環境が生まれることにもなろう。[20]

五　おわりに

朝鮮半島の非核化を中心とする北東アジアの平和と安定を求める課題は、六カ国協議の場で確認され、紆余曲折はあれ、じょじょに実施されてきたことも事実である。しかし、日本政府の場合は、依然として朝鮮半島有事や北朝鮮脅威論を名目に、日米軍事同盟の強化（日本海や環太平洋における日米韓などの合同軍事演習）と、軍事法制ないし有事法制の完備などを進めている。それと同時に、軍事・有事国家化の動向を憲法的に正当化するために、保守政党は平和憲法の改正を提案してきている。このような姿勢では、日本の平和憲法を生かして、北東アジアの平和と安定を構築するのに必要な平和政策を提言することはできない。それはむしろ、北東アジアを含むアジア諸国（諸国民）に対する脅威と不信を与え、非核化や軍縮の妨げとなるから、六カ国協議の進展の妨げともなる。

六カ国協議を進展させるための現実的な方法としては、朝鮮半島問題に外交的に携わった経験のあるアメリカのケネス・キノネス教授の提言が参考になる。彼は、「この地域［北東アジア］において恒久平和を達成するには、アメリカ合衆国、日本及び北朝鮮が挑発的なレトリックと軍事力の誇示に基づき、冷戦下で行われた強硬な経済制裁のような戦術をやめることが必要である。これら三カ国すべてが、軍事力による均衡への依存を、通常の外交的・通商的関係に置き換えるためには、お互いが同意できる計画を作成しなければならない」「対立の戦術を対話の戦術に変えなければならない」と述べたうえで、日本については、「日本だけが北朝鮮に対する冷戦的なスタイルの戦略を追い求めている」が、このような「日本的アプローチ」は、他の関係国と「合致するアプローチに転換する」必要があると、提言している。[21]

朝鮮半島の非核化から中立化へ、さらには北東アジア「共同体」の形成へと議論と政策を進めるには、ともかく六カ国協議を機能させることが当面の課題である。日本の場合は、非戦・非武装・永世中立主義の平和憲法の観点から、北東アジアの平和と安全保障に関する政策提言をしていくべきであろう。

（1）澤野義一『平和主義と改憲論議』（法律文化社、二〇〇七年）第三部参照。
（2）澤野義一『平和主義と改憲論議』（前掲）第一部参照。
（3）日本経団連の奥田元会長の発言、『読売新聞』二〇〇四年七月二四日付。
（4）森本敏『米軍再編と在日米軍』（文芸春秋、二〇〇六年）二〇九頁以下。
（5）望田幸男ほか『国際平和と「日本の道」』（昭和堂、二〇〇七年）一五九頁以下［浅井基文論文］。
（6）広瀬善男『21世紀日本の安全保障』（明石書店、二〇〇〇年）六五―六八頁。
（7）グローバル9条キャンペーン編『戦争のない世界へ　5大陸20人が語り尽くす憲法9条』（かもがわ出版、二〇〇七年）参照。
（8）徐勝監修・康宗憲編『北朝鮮が核を放棄する日』（晃洋書房、二〇〇八年）一〇一頁以下［金根植論文］。
（9）ヌラニ・チャンドラワティ「ＡＳＥＡＮ安全保障共同体（ＡＳＣ）――展望と課題」藤本和貴夫・宋在穆編『21世紀の東アジア』（大阪経済法科大学出版部、二〇一〇年）二四―二五頁［魏栢良訳］。
（10）ここで参考となる論稿として、三浦一夫・飯田進『東アジア共同体と日本国憲法　田中正造のアジア認識』（下町総研、二〇〇八年）九頁以下、坂本義和「東アジアを超えた『東アジア共同体』の構想を」『世界』（岩波書店）二〇一〇年一月号一六九頁以下など参照。
（11）姜尚中教授の衆議院憲法調査会第二三回調査会（二〇〇一年三月二二日）発言。
（12）In Kwan Hwang, Neutralization: An All-Weather Paradigm for Korean Reunification, in: Asian Affairs An American Review,

Winter 1999, Vol.25, No.4.

(13) 木戸衛一「ＥＵは東北アジアにおける平和と安全のモデルとなるか?」藤本和貴夫・宋在穆編『21世紀の東アジア』(前掲)三三五頁以下。ＥＵと永世中立の関係については、本書第一章を参照。

(14) S.P.Subedi, Land and Maritime Zones of Peace in International Law, 1996, p.110-111.

(15) 本書第一章五のほか、澤野義一『永世中立と非武装平和憲法』(二〇〇二年)二三五頁以下参照。

(16) 吉田康彦『「北朝鮮」再考のための60章』(明石書店、二〇〇八年)一五〇頁。

(17) 梅林宏道「北東アジア安保」磯村早苗・山田康宏編『いま戦争を問う』(法律文化社、二〇〇四年)二六三頁以下、稲正樹『アジアの人権と平和(第二版)』(信山社、二〇〇六年)四〇一頁以下、山内敏弘「北東アジア非核地帯条約締結の課題」深瀬忠一ほか編『平和憲法の確保と新生』(北海道大学出版会、二〇〇八年)一六二頁以下など。

(18) 豊下楢彦『集団的自衛権とは何か』(岩波書店、二〇〇七年)二一七頁以下。

(19) 梅林宏道監修『イヤブック核軍縮・平和二〇〇八』(高文研、二〇〇八年)一四八頁以下、同『イヤブック核軍縮・平和二〇一一』(高文研、二〇一一年)一六二—一六五頁参照。

(20) 本書第七章四のほか、澤野義一『入門　平和をめざす無防備地域宣言』(現代人文社、二〇〇六年)、松下圭一編『自治体の国際政策』(学陽書房、一九八八年)、多賀秀敏「北東アジアと自治体外交」『法律時報』(日本評論社)二〇〇三年六月号など参照。

(21) ケネス・キノネス「朝鮮半島と北東アジアにおける恒久平和の構築」藤本和貴夫・宋在穆編『21世紀の東アジア』(前掲)一五一—一二二頁[澤野義一訳]。

第七章　国際安全保障における自治体平和政策の現状と課題

一　はじめに

東西冷戦後、国際社会が国際協調主義の理念に基づき、あるいは国連を中心にして、世界各地の地域紛争を解決しようという国際安全保障の観念（国連の集団的安全保障より広義の多様な安全保障の観念）の重要性が強調されだすと、日本では、自衛隊海外派兵を指向する立場からは、国際安全保障論は、自衛隊海外派兵による国際貢献論を正当化するために使われるようになる。しかし、その実態は、新自由主義的経済のグローバリゼーションに対応し、日米安保（体制）を世界的規模にまで拡大適用する日米グローバル安全保障（グローバル安保）論を背景に、アメリカ（米軍）の要請に基づき自衛隊海外派兵を行う軍事的国際貢献論であることを特徴としている。

このような「国際安全保障」（以下、カッコ付きで「国際安全保障」と表記する場合は、日米グローバル安保に対応する特殊な国際安全保障を意味し、一般的な国際安全保障と区別して使用）論に基づいて制定された立法の中で、政府の防衛・安全保障政策を地方自治体に強要することが可能になった法律としては、周辺事態法や有事法制がある。

周辺事態法は、一九九七年九月の日米新ガイドライン（防衛協力の指針）策定以降、そのガイドラインに沿って、朝鮮半島有事にかかわる米軍の軍事行動を想定した日本周辺地域の有事にさいし、米軍の軍事行動に対する後方支援として、自衛隊だけでなく、住民や自治体の協力を要請している（一九九八年四月法案提出、一九九九年五月成立）。同法では、住民や自治体に対する法的強制力はないが、その後、日本における武力攻撃事態（実態は日本周辺事態における米軍への後方支援に協力する日本に対する外国軍からの反撃）に対処することを名目に制定された有事法制（二〇〇三年～二〇〇四年）では、自衛隊や米軍支援などとの関連で住民や自治体に対する法的強制力が伴うことになった。(1)

政府の防衛・安全保障政策の地方自治体への強要は、上記のような法律だけでなく、経済のグローバリゼーションに対応すべく検討されだした「国と地方の役割分担」論ないし「地方分権改革」論に基づき制定された地方分権改革関連法（一九九九年七月）にも反映された。その該当個所（条項）は、後述するように、二カ月前に成立した周辺事態法との関連性を考慮して導入されたものである。

結局、冷戦後、「国際安全保障」論と「地方分権改革」論が同時並行的に唱えられることになり、地方自治体に対する政府の防衛・安全保障政策の強要が、従来よりも強化されることになったといえる。いわば、新たな「中央集権化」「国家主義」の進行である。その背景にあるのは、新自由主義的経済のグローバリゼーションに対応するために、国（とくに小泉内閣の構造改革論以降）が、安保・軍事・外交などの権限については政府に与えて「強い国家」をつくり、福祉や教育などの社会権施策権限は自治体に与えて「小さな国家」ないし「安上がり政府」をつくる必要性があったためである。このような「国際安全保障」や「地方分権改革」論に基づき自治体平和政策を制約する基本的な構想は、小沢一郎氏が民主党議員になる以前の一九九三年に書いた『日本改造計画』にすでにみられるし、(2)自民党の二〇〇五年「新憲法草案」などにも具体化されている。(3)この点は、民主党政権の防衛・安全保障政策にも基本的に継承されている。

なお、地方自治体の防衛・軍事負担は、日米安保条約と日米地位協定およびその関連国内法などに基づき従来から課せられてきたが、二〇〇六年の日米合意による「日米同盟再編」（二〇〇一年米国へのテロ攻撃以降のアメリカの国防戦略の変化に対応する）計画においても、より強化されている点に留意する必要がある。例えば、沖縄の普天間基地の辺野古沖への移設や、厚木基地から岩国基地への原子力空母艦載機五九機移転に伴う、当該自治体や住民への負担である。(4) 民主党政権下の菅首相に提出された二〇一〇年八月の「新安保懇談会」報告書（同年一二月の「新防衛計画の大綱」にも反映）では、中国海軍の日本近海での活発な活動（尖閣諸島問題）などを念頭に、これまで防衛力配備が手薄であった日本の離島・島嶼地域への自衛隊の配備や、同地域の日米共同運用強化が提言されている。具体的な地域としては、二〇一一年六月の日米安全保障協議委員会（「2プラス2」）の在日米軍再編に関する合意文書では、鹿児島県西之表市にある馬毛島が明示されたが、これは、当該地域を管轄する自治体と住民に対する新たな軍事負担になる。

さて、戦後日本の自治体平和政策は、非戦・非武装主義の平和憲法の理念に基づいて、一定程度実行されてきた面も確かにあるが、冷戦後、地方自治体に対する政府の防衛・安全保障政策の強要が強化され、自治体独自の平和政策の実施が大幅に制約されつつある。本章では、このような状況を整理した上で、それと対立する従来の自治体平和政策や、住民の平和運動なども考慮しつつ、新たな自治体平和政策の課題を検討することにしたい。

二　国による自治体の軍事協力強化

政府の防衛・安全保障政策が顕著に自治体に強要されだすのは、上述したように、とくに日米新ガイドライン策

定前後からであるが、この点について、以下、地方分権改革関連法と有事法制に即して具体的に概観する。(5)

1　地方分権改革関連法の場合

地方分権の推進をはかるための関係法律の整備を行う「地方分権一括法」の制定に関連して大幅に改定された地方自治関連法（一九九九年七月）の中には、自治体に対して政府の防衛・安全保障政策を強制できるような条項が導入された。

(1)　自治事務に対する国の直接執行権（並行権限）との関連

自治事務に対する国の直接執行権（並行権限）を個別法で導入したような規定としては次のものがあるが、いずれも、米軍の戦闘行為に対する自治体協力を規定している周辺事態法九条との関連で改正されたと考えられる法律である。例えば、改正建築基準法一七条では、「国の利害に重大な関係がある建築物」（防衛関連施設が想定される）について、多数の者の生命や身体に重大な危害が発生する恐れがあるときは、建設大臣（現国土交通大臣）は自治体の長に対し必要な措置を指示でき、長が指示に従わない場合は、国が必要な措置を直接執行できることになっている。改正港湾法四七条二項では、運輸大臣（現国土交通大臣）が港湾管理者（自治体の長）に対し、港湾施設の利用につき変更などを要求した場合、港湾管理者は必要な変更などを行わなければならないとされている。この規定は、国の直接執行に関しては明記していないが、自治体の外国艦船入港拒否などの行為に対して、国が事実上関与できる根拠となろう。

(2)　国の直接執行事務との関連

地方の権限であったものが、法律改正で国の直接執行事務となった例として、改正米軍用地特別措置法がある。

米軍用地の収用・使用に関する手続きについて、改正前の法律では、土地に関する代理署名・公告・縦覧、都道府県収用委員会による公開審理・採決は機関委任事務ではあったが、知事・自治体の関与権が認められていた。しかし、機関委任事務の廃止とともに、代理署名と公告・縦覧は国の直接執行事務とされたため、自治体の関与権がなくなった。収用委員会による公開審理と裁決権は、法定受託事務とし自治体に残されたが、防衛施設局長が緊急裁決を申し立てた場合に、委員会が二か月以内に裁決結果を出さず、事件を内閣総理大臣に送致もしないときには、内閣総理大臣は自ら裁決を代行できることになっている。したがって、米軍用地の収用に関しては、かつては代理署名拒否をめぐり裁判で争うこともできたが（沖縄米軍用地代理署名拒否事件）、現行法下では、このような自治体の抵抗も困難になっている。

(3)　地方自治法の基本目標の改正との関連

地方自治法の改正により、同法の基本目標であった「地方公共の秩序を維持し、住民及び滞在者の安全、健康及び福祉を保持する」という規定（旧法二条第三項一号）から「住民の安全」保持の文言が削除され、自治体の役割が「住民の福祉の増進を図ること」（一条の二第一項）といった簡単な規定に改められたことや、「国においては国際社会における国家としての存立にかかわる事務」などを重点的に担うものと規定されたこと（一条の二第二項）なども、自治体の平和や安全に関する行政権限を地方から奪い、国に固有のものとする考えが読み取れないこともない。しかし、このような解釈については、後述するように、平和憲法の存在を踏まえると容認することはできない（本章三の1参照）。

2　有事法制の場合

ここでいう有事法制とは、その基本となる武力攻撃事態法、改正自衛隊法、改正安全保障会議設置法の有事三法と、それをより具体的に整備した有事関連七法を指す。有事関連七法とは、①米軍支援法、②国民保護法、③特定公共施設等利用法、④外国軍用品等海上輸送規制法、⑤国際人道法の重大な違反行為の処罰に関する法、⑥捕虜等の取り扱いに関する法、⑦自衛隊法の一部改正［ＡＣＳＡ（日米物品役務相互提供規定）改定に伴う国内法整備］である。以下において、有事法制における自治体・住民の戦争協力（要請）について概観、検討する。

(1)　武力攻撃事態法、改正自衛隊法の場合

有事法制の指針的な法律である武力攻撃事態法においては、武力攻撃事態等（武力攻撃事態と武力攻撃予測事態）への対処措置（自衛隊等が中心に行う侵害排除と自治体が中心に行う国民保護）について、国の役割を中心に、対策本部長である内閣総理大臣が自治体や指定公共機関等と総合調整を行い、別の法律（特定公共施設等利用法等）によれば対処措置を指示でき、当該措置が実施されない場合には、内閣総理大臣は当該長に対して直接に、あるいは関係大臣を指揮して措置を実施させることができることが定められている。ここには、自治体の法定受託事務に対する国の指示（あるいは指示の是正）と裁判抜き代執行の仕組みが導入されている。自治体等については、国等と協力しながら必要な対処措置をとるべき責務が、住民については、国や自治体等の実施する対処措置に対して必要な協力をするよう努めるべきことが定められている。その限りでは、武力攻撃事態法では、住民の協力に関しては法的拘束力がないようにみえる。

しかし、他の個別の法律では、住民の協力のうち法的拘束力が伴う事項もあることに留意する必要がある。改正自衛隊法（一〇三条の二）では、武力攻撃事態等にさいし自衛隊の行動に必要な場合には、防衛大臣等の要請に基づき、知事が政令に基づいて公用令書を交付すれば、住民の土地・家屋・物資の使用、物資の保管または収用、業

務（医療・輸送・土木）従事、立木等の移転・処分、家屋の形状変更などを命ずることができる。物資の保管命令などに違反した場合には、処罰されることもある。同様のことは、以下のように、国民保護法や米軍支援法等においても規定されている。

(2)　国民保護法の場合

国民保護法は、国民保護の観点から、自治体と住民の戦争協力の内容を詳細に規定している。国民保護法によれば、国が行う警報の発令・避難措置の指示・救援の指示・武力攻撃災害への対処措置に関する指示などに従い、都道府県は、住民への避難指示・避難住民の救援・武力攻撃災害の軽減・自衛隊の派遣要請などを行う。市町村はさらに身近な措置として、住民に対する警報の伝達・避難実施要領の策定・救援の実施・退避の指示・武力攻撃災害の復旧措置などを行う。

住民の立場からみると、上記のような対処措置は自治体が住民に強制してはならず、住民への協力要請は、住民の自発的意思に委ねられるものとされている。基本的人権尊重主義との観点からは、住民の権利が制限される場合でも、必要最小限に限られ、適正手続の権利、平等権、思想良心・表現の自由を侵害してはならないと明記されている。このような国民保護法の基本原則からすれば、確かに、住民の避難訓練への参加、避難住民の誘導への協力などは、法的強制を受けるものとはされていない。しかし、避難住民等のための収用・医療施設を設置するさいの土地・家屋等の使用や、生産・販売・輸送等の業者に対する救援に必要な物資（医薬品・食品等）の収用や保管命令は法的強制力が伴う。また、物資保管命令に従わない場合には刑罰が科される。

(3)　自治体の国民保護計画の作成等の場合

国民保護法は、武力攻撃事態等に備え、国が国民保護のための措置の実施に関する基本方針をあらかじめ定め、自治体に対し、当該方針に基づき措置を推進させるための国民保護協議会を条例によって設置し、国民保護計画をつくることを要請している（都道府県は二〇〇五年度中、市町村は二〇〇六年度中）。国民保護協議会は自衛隊員、教育長、消防長、自衛隊職員、指定公共機関の役員、有識者などが委員となることができることになっている。しかし、委員の任命権は知事・市町村長にあり、例えば自衛隊員等を必ずしも加えなければならないということではない。また、国民保護計画にしろ、国民保護協議会にしろ、これらを自治体がつくらなかった場合、国が知事に対し、知事が市長等に対し、つくることを強制できるかの問題がある。この点について、国民保護法は何も規定していないが、国民保護計画の作成等が法定受託事務だから、地方自治法の「是正の指示」、さらには「代執行」も可能だという政府的な解釈もある。

しかし、法定受託事務が当然に「是正の指示」や「代執行」の対象となるわけではない。地方自治法では、法定受託事務が「是正の指示」等の対象となるのは「法令に著しく違反している」とか、「著しく適性を欠き、かつ、明らかに公益を害している」と認められるときであって（二四五条の七）、そうでなければ、法定受託事務であっても「是正の指示」等の対象とはならない。住民の安全確保にとっては、自治体が武力攻撃事態法等とセットで、住民を戦争動員するような国民保護計画の作成等を必要としないという判断もありうる。

「是正の指示」に従わないことの方が、平和憲法の理念、緊急性、現実的合理性の観点からは、むしろ「適性」であり、「公益」に適うとの解釈も成り立つ。法定受託事務の「是正の指示」等、自治体に対する国の関与については、法定主義と必要最小限度の基準に従うべきであること、また当該事務に関する自治体の法令解釈権が尊重されなければならないという通説によれば、上記の政府的な解釈は疑問である。

現実的にも、少数の自治体ではあるが、自治体独自の平和政策を重視する立場から、国民保護計画を策定していない。例えば、沖縄県宜野湾市の場合は、軍施設が多く住民の安全な避難誘導が困難であり、基地撤去や平和外交の方が重要であるということが理由になっている。新潟県加茂市の場合は、首長が国民保護計画に反対していることが理由になっている。(6)

(4)　米軍支援法と特定公共施設等利用法の場合

武力攻撃事態法や国民保護法以外の有事法制の中にも、自治体・住民への戦争協力を要請しているものがある。米軍支援法と特定公共施設等利用法である。

まず、米軍支援法についてであるが、それは、武力攻撃事態等において、日米安保条約に従って、武力攻撃を排除するさいに米軍の行動が円滑かつ効果的に実施できるために必要な措置を日本政府が保障するものである。このような目的で、自治体や事業者は政府から必要な措置をとるよう協力要請されたときは、要請に応ずるよう努めなければならないとされている。この規定からすると、米軍協力は一般的には法的強制力がなくて任意であるようにみえる。しかし、一定の協力は法的強制力が伴うものとされているのである。すなわち、米軍の軍事行動に土地・家屋の使用が必要な場合は、総理大臣は、当該土地等を米軍に使用させることができるとされている。当該法律では土地等の所有者は明記されていないが、自治体や事業者だけでなく住民も対象にされているものと考えられる。さらに、土地の使用に関連して立木等の移転や処分、家屋使用に関連して家屋の形状変更ができる。また、土地等への立ち入り検査を拒否・妨害した者（法人も含む）は処罰されることになっている。これは、上述の改正自衛隊法の規定と同様のもので問題がある。

次に、特定公共施設等利用法についてであるが、それは、武力攻撃事態法等において、米軍や自衛隊による港湾、空港、道路、海域・空域、電波の利用に関し、的確かつ迅速に実施できる措置をはかることを目的としている。当該実施措置が必要な場合には、対策本部長（国務大臣）が例えば港湾施設の管理者（自治体の長等）に対し、港湾施設の優先的利用を要請できる。もしこの要請が実施されないときは、総理大臣は対策本部長の求めに応じ、港湾管理者に対し所要の利用を確保すべきことを指示できる。さらに、指示に従った措置がとられないときは、総理大臣は国土交通大臣を指揮し、港湾管理者に対し、港湾施設利用に関する処分や、処分の変更もしくは取り消し、船舶の移動などを命ずることができる。ここには、法定受託事務に関する指示・代執行が容認されているが、この法律の代執行については、地方自治法の代執行と異なり、裁判抜き代執行となっており、疑問がある。

三　自治体平和政策の再検討と新たな課題

以上で、日米グローバル安保体制下の自治体の軍事協力強化を正当化する立法の問題点を検討したが、自治体の軍事協力強化に対する歯止めとなりうる、あるいは代替的な新たな平和政策の提案をしていくことも必要である。その手掛かりとして、これまでの自治体平和政策の再評価ないし再検討を行うことにしたい。その前提として、まずは、憲法や地方自治法からみた自治体平和政策の基本理念について言及しておくことにする。

1　自治体平和政策の基本理念と意義

第一に、この問題を憲法のレベルで考えると、日本国憲法の基本原則が非戦・非武装の平和主義である以上、自治体の平和政策（立法と行政）は非軍事的なものでなければならない。したがって、有事法制に基づく場合であれ、日米安保条約や日米地位協定に基づく場合であれ、自治体には国の軍事協力に対して拒否する権利がある。住民に対しては、平和的生存権保障の観点から、軍事協力を強制することはできない。最近は、このような考えを容認する判決も登場している。その例として、自衛隊イラク派兵違憲訴訟の名古屋高裁判決は、「憲法9条に違反する戦争の遂行等への加担・協力を強制されるような場合には、平和的生存権の主として自由権的な態様の表れとして」、当該違憲行為の差止や損害賠償を裁判所に請求できる具体的権利性が認められる場合があると述べている。(7)

第二に、国際協調主義の観点からは、自治体は、世界の人々の平和的生存権を保障・実現することに寄与しうる自治体平和政策を提案・実施していくべきである。(8)それは自治体の憲法的義務であり、政府も支援すべきである（憲法前文、九八条）。この観点を国際安全保障や国際平和貢献との関連性で意義づけるとすれば、次のようなことが指摘できる。まず、非軍事的な平和政策を実行する自治体が増えることは、政府の軍事的な安全保障政策の実施に対する制約となり、例えば、北東アジアにおける軍事的緊張を緩和することにもつながる。また、非核自治体を国際社会に広めるような自治体の活動などは、自治体の国際平和貢献となりうる。さらに、政府が締結した国際条約のうち、憲法の理念に適合する限り、政府が当該条約を具体化する法律を制定していなくとも、自治体が条例を制定して具体化できる。というのは、条約は法律に優位するからである。この点については、国際の平和と安全保障にかかわる国際人道法の国内的活用の例として、後で、無防備平和都市条例制定運動を取り上げる。

第三に、平和政策ないし平和行政に関する事務について、地方自治法に即してみると、地方自治法は直接規定していないが、「地方公共団体の健全な発達を保障」し（一条）、「住民の福祉の増進を図る」（一条の二第一項、二条第一四項）といった地方自治法の基本目的ないし原則を定める規定は、憲法の平和主義に適合するように解釈・運用されなければならない。「住民に身近な行政はできる限り地方公共団体にゆだねること」も現行法の基本であること（一条の二第二項）、また安全保障・外交が明確に自治体の権限外のものと明記されていないこと、地方分権改革により、自治体の法令解釈権や条例制定権が拡大したことなども考慮されなければならない。そうすると、例えば、有事法制などの防衛・安全保障行政については法定受託事務だとしても、住民の生命・福祉・安全にかかわる身近な平和行政でもあるから、それにどのように対応するかは、自治体の独自の権限でなしうるものと解される。(9)

第四に、安全保障・外交について、国と自治体の権限関係が以上のようなものであるとすれば、また、住民の平和的生存権の意義を考慮すれば、安全保障や外交に関する権限については、「国の専管事項」論に基づき、政府や国会（行政と立法権）に一元的に属していると解するよりは、地方自治体にも当該権限が分有されていると解するのが適切である。そのさい、国と自治体の利害が競合する場合には、「住民主権」や「人民主権」（ナシオン主権に対するプープル主権）論を踏まえると、自治体の意思が尊重されるべきであり、憲法に適合する自治体平和政策に対しては、国は正当な理由なく無視することはできないと解される。(10)

2　代表的な自治体平和政策の再評価

ここでは、戦後の代表的な自治体平和政策を取り上げ、その意義について再評価を行うことにする。(11)

(1)　軍事目的の土地利用等の禁止原則の再評価

戦前土地収用法では、軍事目的で土地を収用したり使用したりすることができたが、戦後の同法の改正（一九五一年）により、当該規定は平和憲法に違反するとの理由で削除された。したがって、平和憲法と現行土地収用法を前提にすれば、違憲の有事法制や日米安保条約・日米地位協定などを根拠に、住民の土地を収用または使用することなどはできないはずである。当該土地収用法の理念を再認識し、再評価する意義がある。

(2)　旧軍港市転換法の再評価

旧軍港市転換法は、横須賀市、呉市、佐世保市、舞鶴市の旧軍港市を「平和産業都市に転換することにより、平和日本実現の理想達成に寄与することを目的」に、一九五〇年四月制定され、憲法九五条の「一の地方公共団体にのみ適用される特別法」として、四市で住民投票にかけて同年六月から施行されたものである。実際には、日本の自衛隊や日米安保条約に基づき駐留する米軍により利用され形骸化しているが、同法を、その原点に立ち返って実質化すべき意義がある。具体的には、当該市において、旧軍港市転換法を条例化することなどが考えられる。

(3)　港湾法等の非軍事的運用の徹底

港湾の平和的利用に関する別の法律として、戦前軍事利用された国家の港湾管理権を自治体に移し、港湾行政を民主化するために制定された一九五〇年の港湾法がある。また、港湾法関連の港則法第四章は、爆発物などの危険物を掲載した船舶の入港に関する指揮・許可権を自治体に付与している。したがって、自治体は港湾を非軍事的に運用する権限がある以上、政府見解のように、国の命令や日米地位協定に基づく米軍の一方的通告で港湾への出入りが可能であるような解釈（安保外交問題を「国の専管事項」とする解釈）をすることは問題である。なお、港湾利用に関する以上の評価は、自治体が管理する空港についても同様に妥当する。当該港湾法等は、以下に述べる「非核神戸方式」の実効性に法的根拠を与えるものでもあり、その存在意義は大きい。

(4)　非核自治体の拡大

国の基本政策である非核三原則を踏まえ、現在、多くの自治体（自治体数一七九四のうち約八六％の一五三四）が「非核平和都市宣言」をしているが、それは政治的・道義的宣言にとどまり、自治体を法的に拘束するものではない。ただし、藤沢市（一九九五年）と苫小牧市（二〇〇二年）は、宣言に法的拘束力を与えるべく非核平和都市条例を制定している。それはともかく、非核平和都市宣言をしている自治体間でつくられている非核宣言自治体協議会（二七一自治体で組織）は、核廃絶を内外に訴える活動を行っており、二〇〇八年五月総会以降、北東アジア非核兵器地帯構想を普及させる活動にも取り組んでいる。また、日本の広島市長が会長を務め、世界一五〇カ国・地域の四七〇四都市が参加するＮＧＯ組織「平和市長会議」なども、自治体の国際的平和活動として注目される。(12)

「非核平和都市宣言」以外の自治体における非核政策として注目されてきたのは、非核証明書を提出しない船舶に入港を認めない行政措置をとる「非核神戸方式」（一九七五年採択）である。これは、神戸市議会の決議に基づくものであるが、港湾法や神戸市港湾施設条例などの法的根拠があることに留意する必要がある。同決議は、国際商業都市である神戸港が「市民に親しまれる平和な港でなければならない」との前提に立って、「核兵器を積載した艦船の神戸港入港を一切拒否する」と述べている。政府は、防衛・軍事・外交が「国の専管事項」だとの認識や日米地位協定の遵守などを根拠に、「非核神戸方式」の法的効力を認めていないが、疑問である。「非核神戸方式」は、今日まで守られてきているが、それだけでなく、国際的にも、ニュージランドの非核法制定（一九八七年）などに影響を与えている点でも注目される。

(5)　条例による基地移転等の要求

軍事基地のある自治体において、被害を受けている住民が軍事基地の撤去までは要求しないまでも、日米地位協定の見直しと基地の縮小を、あるいは新たな基地建設反対を求める方法として住民投票条例の制定によって是非を問う試みや、自治基本条例のような一般的な条例の中で、軍事基地移転について自治体に努力義務を課すものも登場している。

前者の例としては沖縄の県民投票（一九九六年）や名護市民投票（一九九七年）がある。後者の例としては、米軍基地移転を政府に求める規定を設けている神奈川県大和市の自治基本条例（二〇〇五年四月施行）がある。同条例二九条は、「市長及び市議会は、市民の安全及び安心並びに快適な生活を守るため、厚木基地の移転が実現するよう努めるものとする」と規定している。これらの投票結果や条例の規定は法的拘束力をもたないとしても、防衛・軍事・外交が「国の専管事項」だという政府見解がある中で、防衛・軍事・外交に関する行政を対象にする条例を制定する自治体が登場してきたことは注目できる動きである。

なお、日本政府は、アメリカへの基地提供について、日米安保条約上の義務であり、いかなる地域に対しても、自治体の意思を無視して行うことができるという解釈のもとで対処しているように思われる。その法的根拠とされているのは、アメリカが「日本国内の施設及び区域の使用を許される」という日米安保条約六条や日米地位協定二条の規定である。

しかし、日米安保条約や日米地位協定の合憲性の有無に関する問題を差しおいたとしても、自治体の区域等の米軍への提供は、アメリカ側の利用権を前提とするような日本側の法的義務ではない。平和憲法や国際法（国連憲章、国際人道法など）、自治体の平和政策を保障する諸法律、あるいは日米安保条約の適用範囲・目的などに適合しない基地提供については、憲法の「公共の福祉」ないし地方自治法の「公益性」に反するから（場合によっては住民の平和的生存権侵害に該当）、自治体は拒否する権限があるし、日米政府に対して基地返還を要求することもできる。(13)

条例による基地移転等の要求に関連する他の形態として、近年、市民運動を通じて「無防備平和都市条例」の提案と制定を求める動きがあるので、これについて、以下で概観しつつ検討しておくことにしたい。この条例は、自治体平和政策を国際人道法という国際法との関連を踏まえて提案する点に特色があり、国際安全保障における新たな自治体平和政策を追求する素材として検討に値しよう。

四　自治体平和政策への国際人道法の活用――無防備平和都市条例制定の意義と課題

1　無防備平和都市条例制定の意義(14)

地方自治体が平和憲法の理念に基づき、条例（ないし条例制定）によって平和政策を遂行する方法として、これまでに、中野区などの「平和行政の基本に関する条例」、藤沢市などの「非核条例」、その他、平和基金、平和の日、被爆者援護などに関する条例（いわゆる「平和都市条例」）が制定されてきている。また、上述のような、条例による基地移転等の要求例がある。今後の課題としては、これらの「平和都市条例」がさらに広く普及されることのほか、非軍事的港湾利用を定めている港湾法などが多くの自治体の条例で実質化されることが望まれる。

しかし、外国からの武力攻撃を受けることを想定する有事法制の具体化によって、自治体や住民に対する軍事協力の強化が求められる今日においては、政府の外交の失敗などにより日本が不幸にも戦争（現代国際法では戦争でなく武力紛争と称するのが正確）に巻き込まれたとしても、戦争に参加・協力せず、外国軍からの攻撃や被害を可能な限り受けないような平和な都市ないし地域づくりを目指すことも検討すべきである。そのような観点を具体化する条例としては、「無防備平和都市条例」がある。もっとも、それはまだ制定された例はなく、有事法制の一環である国民保護法や国民保護計画の実施に反対する市民らによって、非戦・非武装の平和憲法の理念を自治体（条例）において具体化しようという方針のもとで追求されてきているものである。

無防備平和都市というのは、軍隊のない都市で、自治体当局や住民が紛争当事国に対して軍事的に協力しない限り、武力攻撃が禁止される都市のことである。無防備平和都市は自治体当局が紛争当事国に対して一方的に宣言できるとされている。これは、国際人道法のジュネーヴ条約第一追加議定書五九条（一九七七年）で保障されており、違法な武力攻撃は戦争犯罪が問われることになっている（詳しくは後述）。無防備平和都市条例は、このような国際法で保障される無防備平和都市（条約の表現では「無防備地区」）に必要な条件整備を、武力紛争が発生する前の平時において、国内法の条例で行うとするものである。

これに対し政府は、有事法制制定と同時に、国際人道法の的確な国内実施を表明して、上記のジュネーヴ条約第一追加議定書などを批准したにもかかわらず、防衛や安全保障に関する問題は「国の専管事項」であり自治体の権限は及ばないとの立場から、あるいは、条例は法令の範囲内でしか制定できない（有事法制に抵触する条例制定は認められない）という論理で、自治体が当該議定書五九条を独自に条例で具体化することに反対している。

しかし、政府見解には、次のような問題がある。第一に、防衛行政権限は自治体にないとしても、国の防衛行政が地方に影響する限り、自治体が住民の安全・福祉と平和的生存権保障のために独自の平和行政ないし平和政策を行えることは、平和憲法と地方自治法の理念からは問題がない。そして、ジュネーヴ条約第一追加議定書五九条を活用した無防備平和都市政策は、軍事力による防衛政策の実施ではなく、軍隊や基地撤去などを求め、住民の平和的生存権を保障する非軍事的平和政策であるから、自治体が独自に行うことができるといえよう。第二に、条例と法令の関連について、政府は違憲性のある有事法制を前提に無防備平和都市条例に反対するのは問題である。むしろ、憲法の理念に適合するような条約を批准した以上、法律に優位する当該条約を条例で具体化することは問題がない（憲法九八条、九四条）。

なお、平和憲法のもとで戦争（武力紛争）を想定する国際人道法を活用して無防備平和都市条例制定を要求する運動に対し、平和運動として適切ではないとする反対論もある。しかし、武力紛争を想定する国連憲章や国際人道法が、戦争の違法化や非核化などを追求する世界の平和運動に活用されていることを考慮すれば、当該反対論には賛成できない。また、当該反対論は、戦時と平時を厳格に区別する旧い国際法観に基づいているように思われるが、今日の国際法では、国際人道（法）と国際人権（法）との融合現象などにもみられるように、戦時・平時の峻別論は問題である。さらに、無防備平和都市条例は、ジュネーヴ条約第一追加議定書五九条そのものの国内法化ではないことに留意する必要がある。武力紛争時にはジュネーヴ条約第一追加議定書五九条が適用されるが、平時からの無防備平和都市政策は、国内法である平和憲法に基づく自治体独自の平和政策だということである。

ところで、無防備平和都市条例制定運動は一九八〇年代に天理市などでも取り組まれたことがあるが、[15]現在継続的に取り組まれているのは二〇〇四年に大阪市で始まった運動からのものであり、取り組んだ二九自治体すべてにおいて条例制定の署名が集まり、議会で審議された。しかし、すべての議会で条例案は否決されたが、国立市と箕面市では市長が条例案に賛成意見を述べたことは注目されてよい。[16]

なお、無防備平和都市条例は、ジュネーヴ条約第一追加議定書五九条が保障する無防備平和都市の実現だけをうたっているわけではない。無防備地区保護以外の当該議定書に含まれている事項（文化財保護など）のほか、これまでの日本の自治体平和政策で実施されてきた非核政策なども盛り込んでいる点で、従来の平和都市条例にない包括的な平和都市条例の特色をもっている。

2　無防備平和都市条例案の内容

市民が提案している無防備平和都市条例案は各地域で若干異なっているが、以下のような、ほぼ共通の規定をもっている。[17]

(1)　前文と目的規定

前文と目的規定では、無防備平和都市条例制定の背景や趣旨のほか、当該条例が日本国憲法の平和主義の理念、政府の非核三原則、自治体の非核平和都市宣言、ジュネーヴ条約などの国際人道法を踏まえて制定されていることが述べられている。

(2)　市民の平和的生存権保障規定

無防備平和都市宣言を要求する市民の法的根拠としておかれている平和的生存権規定は、市民の意に反して、戦時のみならず平時から、軍事目的による市民権の制約、財産権侵害、自然環境や文化財の破壊を受けないことを明記している。

(3)　市の責務としての戦争非協力の規定

市民の平和的生存権に応えるべき市側の責務に関する規定として、「戦争に協力する事務を行わない」といった規定が設けられている。

(4)　非核政策に関する規定

非核三原則を遵守し、市内における核物質の製造・貯蔵・持ち込みを禁止するといった規定のほか、これらを国際機関等に働きかけることをうたう規定もある。なお、非核平和都市条例をすでに制定している都市の場合(二〇〇五年藤沢市条例案)は、独立した非核遵守条項を設けていない。

(5)　無防備地区宣言規定

これは、戦時(武力紛争時)あるいはその恐れが明白な場合、ジュネーヴ条約第一追加議定書五九条に定める無防備地区の宣言を市長が日本政府および紛争当事国に通告する、という趣旨の条項である。当該議定書が規定する無防備地区の定義（四要件）は、（イ）戦闘員・移動軍用施設の撤去、（ロ）固定軍用施設の敵対的不使用、（ハ）当局・住民による敵対行為が行われていないこと、（ニ）軍事行動を支援する活動が行われていないことである。これは議定書が本来想定しているものであが、それとは別に、より大切なことは、自治体が平時から無防備地区の要件を満たすことであるため、この点の保障を市長や国に求める規定を定めている。

(6)　攻撃の影響に対する予防措置規定

軍事施設が存在すると武力攻撃の対象となり、戦時において無防備地区の要件を満たさないことになる。そこで、武力攻撃を受けないための予防措置として、軍事目標の撤去ないし戦時における機能停止を日本政府に求める規定も定めている。これは、上記の議定書五八条の趣旨を国内的に活用するものである。同条は、戦時を念頭に紛争当事国に対し、「（イ）自国の支配下にある文民たる住民、個々の文民および民用物を軍事目標の近傍から移動させるよう努めること。（ロ）人口の集中している地域又はその付近に軍事目標を設けることを避けること。（ハ）自国の支配下にある文民たる住民、個々の文民及び民用物を軍事行動から生ずる危険から保護するため、その他の必要な予防措置をとること」を可能な限り最大限要請している。なお、この議定書五八条の趣旨に照らすと、基地と住民居住地が近接している沖縄普天間基地などは当該国際人道法に抵触しているといえよう。

(7)　文化財保護規定

文化財保護については、前文や目的規定における言及とは別に独立した条項を定めている条例案もある。京都市条例案（二〇〇五年）では、「市長は、世界遺産をはじめとする京都市内の文化財を戦争によって破壊される事を防止するために、第二条に定義する文化的財産の強化的保護を国に求めるとともに、有形無形の京都の文化の保護を通じて平和なまちづくりに寄与するものとする。」と規定されている。

ちなみに、「武力紛争の際の文化財保護条約」（一九五四年ハーグ条約）によれば、重要な軍事目標から妥当な距離に存在し、軍事上の目的に使用されないという要件を満たす重要な文化財や文化財集中地区は、締約国間で不可侵の「特別保護」の下におかれることになっているが、その実効性などの疑問から手続きがほとんどとられなかった。そこで同条約の実効性を高めるために採択されたのが、一九九九年のハーグ条約第二議定書（二〇〇四年発効）である。この議定書では、人類にとっての文化遺産であり、国内法律等で特別保護され、軍事目的で使用されないという三要件を満たす文化財の場合は、当該文化財と軍事目標の妥当な距離を問題とすることなく、紛争当事国から「強化保護」の対象となることになった点で、前のハーグ条約よりも実施しやすくなった。このことから、日本政府も二〇〇七年にハーグ条約を批准し、実施法令も制定している。(18) しかし、政府や自治体が当該法令を平和憲法の理念に沿って実質化しようとしているかどうかは疑わしい。

それはともかく、国際法を活用して、軍隊が配備されていないとか、軍事利用されない無防備地区や文化財保護地区を条例で設定し、各地に広めていくことができれば、平和都市の創造につながることになろう（本書第八章参照）。

(8)　その他の平和事業推進規定

無防備平和都市条例案では、以上のような規定のほか、平和事業の推進に関する条項を設けている。例えば、戦争や軍事力行使による紛争解決に反対する平和意識の普及・宣伝活動、平和憲法や国際人道法の普及などの平和教育の推進、平和記念物の保存や展示、平和のための国際交流事業などである。なお、これらは、政府も批准したジュネーヴ条約第一追加議定書八三条が、国際人道法を軍隊も含め住民に周知させるため、その学習を奨励することを締約国に求めていることを前提にしている。

五　おわりに

1　小　括

国の防衛・安全保障に関する地方自治体の関与権限については、政府は従来から「国の専管事項」論を建前に否認してきていることに加え、冷戦後は、「国際安全保障」論と「地方分権改革」論のもとで、自治体に対する国の軍事協力の強要を強化している。

しかし、そのような動向に対しては、自治体は、平和憲法や地方自治法の基本理念あるいは国際人道法などの国際法に基づき、住民の平和的生存権保障の観点から、抵抗する権利がある。その一方で、地域や自治体からの平和政策（条例や行政）の提案をしていくことも必要である。その手掛かりになるのは、第三節で取り上げたような、戦後平和憲法の理念を自治体の平和政策にも活かそうとした国の法律や自治体の平和政策の再認識と再評価である。実際には、非核自治体宣言などは例外として、多くの自治体では平和政策は実施されているとはいえない現状にあり、これまで提案されてきた自治体平和政策の今日的活用が望まれる。

さらに、住民が新たに提案する平和政策についても、自治体は真摯に受け止め、検討することが求められる。自治体にとっては、特定の平和政策実施を自治体にも容認する国の法律があれば実施しやすいことは理解できるが、関連法律がなくとも、日本の平和憲法や平和の国際法に適合する限り、自治体は条例を制定して実施すべきなのである。しかし、自治体は「国の専管事項」論や「条例は法律の範囲内でしか制定できない」という形式論を盾に、自治体独自の非軍事的な平和政策を実施しようとしていない。この点は、第四節の「無防備平和都市条例」制定をめぐる論議で検討したところである。

2　今後の課題

むすびにかえて、自治体平和政策実現に関連する今後の大きな課題について、若干言及しておくことにする。

第一は、自治体が平和政策を提案し実施していくということは、単に日本国内の平和維持が目的であってはならないということである。世界が様々な分野でグローバル化している中で、国際安全保障や国際平和貢献との関連性があることも自覚する必要がある。日本政府の安全保障政策に自治体がどのように対処するか、またどのような平和政策を提案していくかは、近隣諸国との関係では、北東アジアの平和と安全保障のあり方に影響を与えるからである。(19) この意味では、自治体も国際人道法などの国際法の研究をすることが求められている。しかし、例えば有事法制との関係でいえば、自治体は、政府の国民保護計画を忠実に実施しようとするわりには、武力紛争時に住民の安全を守る国際人道法を的確に実施したり、住民に周知させる意識は希薄であり、国際人道法に関する基本的知識すら欠いている現状にある。(20)

第二に、日米安保条約に基づく米軍基地の存在は自治体平和政策を制約し、住民の平和的生存権も脅かしている。この事態を根本的に解決するには、憲法九条に内包される永世中立の理念に沿って米軍基地の全面撤去を要求することも、自治体平和政策（非武装中立自治体宣言も含む）の視野に入れる必要がある。(21) それは最終的には政府の安全保障外交の権限に属することではあるが、近年、ラテンアメリカのエクアドル（二〇〇八年）やボリビア（二〇〇九年）が米軍基地を撤去させ、改正憲法で外国軍事基地設置禁止条項を導入した例は参考になろう。(22)

第三に、二〇一一年三月一一日の東日本大震災に起因する福島原発事故に直面したことで、自治体の非核宣言だけでなく、それに関連して自治体の脱原発宣言も考えていく必要があるように思われる。[23] 原子力の軍事利用には反対するが、平和利用は容認するというダブルスタンダード論が戦後定着したことで、核兵器保有の違憲性論議はなされてきたが、原発運用についての違憲性論議はほとんどなされてこなかった。しかし、外国には、オーストリアのように、核兵器の製造・実験・使用等の禁止だけでなく、核分裂によるエネルギー生産を目的とする施設建設、すなわち原発の建設と稼働も、憲法（一九九九年非核憲法法律）で禁止している例がある。[24] また、アメリカのバークレイ市のように、「非核条例」（一九八六年）において、核兵器の製造などの禁止だけでなく、原子炉や核燃料サイクルの禁止も定めている例がある。[25] 日本には、このような憲法（規定）や条例はないが、原発は戦争手段に転用できる潜在的な「戦力」であり、憲法九条に反する。また、放射能汚染などにより生命権・幸福追求権・環境権・居住権・財産権・「恐怖と欠乏から免れ」て生きる平和的生存権などを侵害する、という点においても違憲である。[26] このような憲法解釈については、コスタリカ最高裁憲法法廷の原発違憲判決が参考となる（本書第二章五の3参照）。以上のことから、自治体が脱原発宣言のみならず、さらに原発を禁止する条例を制定することも法的に可能であろう。無防備平和都市条例案の非核政策に関する規定の中に、原発禁止規定を入れることも検討する余地がある。

（1）　澤野義一『平和主義と改憲論議』（法律文化社、二〇〇七年）一二四頁以下および一五七頁以下参照。
（2）　小沢一郎『日本改造計画』（講談社、一九九三年）八一頁以下。村上順『日本の地方分権』（弘文堂、二〇〇三年）九六―九九頁も参照。
（3）　澤野義一「現代改憲論のイデオロギー批判」吉田勝弘・澤野義一編『新自由主義の総括と格差社会』（いずみ橋書房、二〇〇九年）三〇七―三〇九頁。
（4）　半田滋『ドキュメント防衛融解』（旬報社、二〇一〇年）一三〇頁以下。その他、森本敏『米軍再編と在日米軍』（文芸春秋、

二〇〇六年）、小西誠『日米安保再編と沖縄』（社会批評社、二〇一〇年）など参照。

（5）澤野義一『入門　平和をめざす無防備地域宣言』（現代人文社、二〇〇六年）八〇—八七頁、同『平和主義と改憲論議』（前掲）二〇三—二〇六頁。その他、自治体問題研究所ほか編『Q&A分権一括法と地方自治の課題』（自治体研究社、一九九九年）、山内敏弘『立憲平和主義と有事法の展開』（信山社、二〇〇八年）など参照。

（6）これは、筆者の科研費研究（基盤研究(C)二〇〇七—二〇〇八年、共同研究テーマ「日本のジュネーブ条約追加議定書の批准と国内法的課題」）による自治体アンケート調査から得た情報に基づくものである。なお、加茂市の場合は、小池清彦市長は、戦前の反省から国民保護法は役に立たず、戦時状態になった場合には「戦時平和都市宣言」（無防備平和都市宣言）を行うと主張している（谷百合子編『無防備平和』［高文研、二〇〇九年］一九〇—二〇一頁）。

（7）二〇〇八年四月一七日、名古屋高裁判決。本書第四章の四も参照。

（8）この点に関しては、平和的生存権の対外的側面の権利を「平和的共存権」として定義し、その意味を、国家や自治体などが平和政策について諸外国の自治体・団体・国家に影響を及ぼし参加していく権利として解する説がある。その上で、平和的共存権の具体化といえる自治体平和政策を考察した論稿として、吉田善明「平和的生存権と地方自治」星野安三郎先生古希記念論文集刊行委員会編『平和と民主教育の憲法論』（勁草書房、一九九二年）九五頁以下を参考。

（9）澤野義一『入門　平和をめざす無防備地域宣言』（前掲）七一—七二頁。

（10）大津浩「地方自治」山内敏弘編『新現代憲法入門［第二版］』（法律文化社、二〇〇九年）三六三頁以下、同「国境を超える民主主義」『ジュリスト』一三七八号（二〇〇九年）五三—五四頁。江橋崇「自治体国際活動と法構造」松下圭一編『自治体の国際政策』（学陽書房、一九八八年）一八一頁以下、山内敏弘『人権・主権・平和』（日本評論社、二〇〇三年）二〇五頁も参照。

（11）澤野義一『入門　平和をめざす無防備地域宣言』（前掲）七二—七八頁、同『平和主義と改憲論議』（前掲）二六五—二六八頁。

（12）梅林宏道監修『イヤブック核軍縮・平和二〇〇八』（高文堂、二〇〇八年）一四八頁以下、同『イヤブック核軍縮・平和二〇一一』（高文堂、二〇一一年）一六二—一六五頁参照。

（13）本間浩『在日米軍地位協定』（日本評論社、一九九六年）七五—七九頁および一〇二頁以下、地位協定研究会編『日米地位協定逐条批判』（新日本出版社、一九九七年）二三—二九頁参照。

（14）澤野義一『入門　平和をめざす無防備地域宣言』（前掲）三二—三三頁および一〇七頁以下、同『平和主義と改憲論議』（前掲）二七三頁以下参照。

なお、無防備平和都市条例制定の意義を憲法学の立場から積極的に肯定しているのは、古川純「戦争『違法化』へとすすむ世界の憲法と非核自治体運動」星野安三郎ほか編『世界の中の憲法第九条』（高文研、二〇〇〇年）一四七―一四八頁、山内敏弘「『無防備地域宣言』による平和保障」吉田善明先生古稀記念論文集刊行委員会編『憲法諸相と改憲論』（啓文堂、二〇〇七年）七七―九五頁など、少数にとどまる。当該テーマについての論及は、他の分野の研究者を含め少ないが、国際法学（国際人道法）の立場からは懐疑論が多いように思われる。本稿では紙数の制約で、当該論争や文献紹介などについては割愛する。

(15) 無防備平和都市条例制定運動を先駆的に取り組んだのは軍事研究者の林茂夫である。この点については、池田眞規ほか編『無防備地域運動の源流』（日本評論社、二〇〇六年）参照。

(16) 無防備地域宣言全国ネットワーク編『無防備平和条例は可能だ――国立市議会審議の記録』（耕文社、二〇〇七年）参照。

(17) 澤野義一『入門　平和をめざす無防備地域宣言』（前掲）三三―三九頁参照。

(18) 林晋「武力紛争の際の文化財の保護に関する法律案」『立法と調査』二六六号（二〇〇七年）、中内康夫「武力紛争の際の文化財保護の国際的枠組みへの参加」『立法と調査』二六七号（二〇〇七年）参照。

(19) 澤野義一「北東アジアの安全保障と日本の平和憲法」藤本和貴夫・宋在穆編『21世紀の東アジア――平和・安定・共生』（大阪経済法科大学出版部、二〇一〇年）六四―六九頁。多賀秀敏「北東アジアと自治体外交」『法律時報』七五巻七号（二〇〇三年）五二頁も参照。

(20) この情報は、筆者の科研費研究（前掲、共同研究テーマ「日本のジュネーブ条約追加議定書の批准と国内法的課題」）による自治体アンケート調査結果に基づいている。

(21) 無防備地域宣言運動を永世中立国家宣言に結びつける視点について、澤野義一「非武装永世中立の理念を内包する憲法九条の世界化をめざして」『法と民主主義』二〇〇八年五月号四〇頁、同『平和主義と改憲論議』（前掲）二五八頁参照。

(22) 笹本潤『世界の「平和憲法」新たな挑戦』（大月書店、二〇一〇年）六一―七一頁。

(23) このような提言を福島原発事故発生以前から行っているものとして、西田勝「脱原発と自治体」同『グローカル的思考』（法政大学出版局、二〇一一年）一九一―一九九頁参照。

(24) 前原清隆「資料で読む非核オーストリア憲法」長崎総合科学大学『平和文化研究』二三集（二〇〇〇年）六七頁以下。

(25) 古関彰一「米国における非核条例の現状」星野安三郎先生古希記念論文集刊行委員会編『平和と民主教育の憲法論』（前掲）一二一頁以下、西田勝『グローカル的思考』（前掲）参照。

(26) 澤野義一「原発をめぐる世界の憲法」『京都民報』二〇一一年一一月二〇日付。

第八章　武力紛争の際の文化財保護条約（ハーグ条約）とその地域的平和への活用

——憲法九条に基づく非戦・非武装地域創造のために——

一　はじめに

日本国憲法の非戦・非武装平和主義憲法（とくに憲法九条）を前提にすれば、日本のどの自治体や地域も、非戦・非武装地域であるのが当然である。しかし、現実的には基地や軍隊が存在し、非武装地域でないところもあるし、政府の外交・安保政策の誤りで地域が戦闘に巻き込まれないとも限らない。政府が国民保護法などを含む有事法制を制定したのは、そのような恐れを想定しているからである。

それでは、このような現状の中で、地域から非戦・非武装地域をつくっていくにはどのような方法があるのだろうか。そのような方法として、様々な自治体平和政策が考えられるが（本書第七章）、ここでの関心事は、地域における「武力紛争の際の文化財保護」の確保と「無防備平和都市宣言」を通じた自治体平和の創造である。前者の文化財保護地域づくりの方は現在は市民運動にまではなっていないが、後者の「無防備平和都市」ないし「無防備平和地域」（以下、「無防備地域」と称する）を条例（宣言）を通じてつくっていく市民運動は、日本のいくつかの都市で取り組まれてきている。(1)

当該「無防備地域」は、国際人道法のジュネーヴ条約第一追加議定書第五九条で保障されているものである。同条によれば、(a)戦闘員や移動兵器等が撤去されていること、(b)固定した軍用施設等については敵対目的に使用されないこと、(c)自治体当局や住民により軍事的敵対行為が行われていないこと、(d)軍事行動を支援する活動が行われていないこと、という四要件が満たされている地域が、「無防備地域」とされている。この無防備地域は、武力攻撃が禁止されており、その違反行為は戦争犯罪となる（八五条）。

無防備地域がこのような性格のものであるとすれば、それは、文字通りの完全な非武装地域ではないが、非戦・非武装地域に近似しているといえよう。

無防備地域の保護は武力紛争の際に紛争当事国に対して宣言することで法的効果が明確になるが、宣言する主体は自治体当局でも、国家でも可能である。宣言は、紛争当事国に対して一方的になしうる。国家が宣言を行う場合には、「非武装地帯」の保護（第一追加議定書第六〇条の四要件を参照。これは常識的な意味の非武装地域とは異なる）に相当するので、自治体当局が宣言する場合に比べ、安全度が高まることはありうる。

それはともかく、日本政府は、二〇〇四年に、無防備地域の保護などを規定するジュネーヴ条約追加議定書を批准した以上、この国際法規を平和憲法の理念に沿って誠実に遵守する観点から（憲法九八条）、また当該議定書の「的確な実施」をはかると政府が明言しているのであるから、無防備地域の設置を容認すべきである。しかし、政府はそのような姿勢を示していない。むしろ反対している。そのため、市民運動のレベルでは、自治体の条例による、平時からの無防備地域づくり（宣言）が現在追求されているのである。(2)

さて、非戦・非武装地域の実現は、上述のような無防備地域宣言による方法以外に、「武力紛争の際の文化財保護」を確保することを目指すことによっても可能と考えられる。「武力紛争の際の文化財保護」については、ハーグ条約がある。狭義には、①一九五四年の「武力紛争の際の文化財保護に関する条約」を指すが、広義には、②同年の「武力紛争の際の文化財保護に関する議定書」および③一九九九年の「武力紛争の際の文化財保護に関する一九五四年ハーグ条約の第二議定書」も含む。①は、武力紛争の際に文化財を保護するため、締約国が平時において適当な措置をとることや、武力紛争の際には、「特別保護」制度などの文化財を尊重することを定めている。②は、武力紛争の際に占領地からの文化財流失を防ぐため、締約国の義務として、文化財の輸出入の防止と管理などを定めている。③は、とくに重要な文化財の「強化保護」制度や議定書の履行システムなどを定めている。

もっとも、これらのハーグ条約自体は非戦・非武装地域づくりを目指すものではない。しかし、このハーグ条約に基づいて「武力紛争の際の文化財保護」の確保を目指そうとすれば、文化財あるいは文化財集中地域の近隣から軍事施設等の軍事目標を撤去するか、あるいは文化財などの軍事的利用を禁止する必要があるため、「武力紛争の際の文化財保護」の確保（とりわけ一九九九年のハーグ条約第二議定書に基づく文化財保護の国際登録）を目指すことは、結果的には、非戦・非武装地域の創造につながる。そのような対策は、武力紛争発生時ないし戦時でなく、平時から行っておくことが重要である。ハーグ条約は武力紛争が起きてからしか適用されないものではなく、平時から文化財保護に備える方策を定めていることに留意する必要がある。(3)

以上要するに、非戦・非武装地域をつくっていく方法として、無防備地域だけでなく、文化財保護地域をつくっていくことも視野に入れる必要があるということである。このような意味で、両者が同じような機能をはたす点は注目できる。

そのことについては、次のような見解、すなわち、「［一九九九年のハーグ条約第二議定書の］強化保護の下にある文化財保護リストへの文化財の登録は、無防備地域を設置するための国際的に承認された宣言に匹敵しうる。そのような宣言は、平時に行うのがベストである。そうすることが、武力紛争が起きたとしても、「無防備地域」のすべての要件が満たされることを保証することになる。」という見解が参考になる[4]（強化保護については後述の五の1参照）。

また、貴重な文化財が多く存在する都市や地域において市民から提案された「無防備平和都市条例」案の中には、「武力紛争の際の文化財保護」の観点も入れて、無防備地域実現の重要性を訴えている例も注目できよう（後述の七参照）。それは、文化財保護条約でカバーできる地域の範囲が限定される点を、無防備地域宣言でカバーしようということを意味する。これは、筆者が重視する立脚点でもある。

当該「無防備平和都市条例」を市民が提案した当初（二〇〇五年前後）、政府は、ハーグ条約の批准・加入をまだ行っていなかったが、二〇〇七年に批准・加入を行った。そして、同年、条約を実施する国内法として、「武力紛争の際の文化財保護に関する法律」も制定した（後述の六参照）。しかし、非戦・非武装平和主義憲法の理念に適合した法律の運用がなされるのかが問題である。というのは、ジュネーヴ条約追加議定書の批准が有事法制制定の必要性の観点からなされたのと同様の背景で、ハーグ条約も批准・加入に至ったものと考えられるからである。

以上のような問題関心からするハーグ条約の考察は、法学（公法）分野を含め、あまり行われていないことから、本章では、ハーグ条約の概要や意義について概観したうえで、非戦・非武装地域を実現することを目指す観点から、同条約の国内的活用について課題を提言することにしたい。なお、このような問題関心から、ハーグ条約における文化財の輸出入の防止と管理などに関する論点については言及しない。

二　一九五四年のハーグ条約の締結経緯と概要

武力紛争の際の文化財保護について詳しく明記した条約としては、一九五四年のハーグ条約（一九五六年発効）が最初である。このハーグ条約に関連し、同年に、とくに武力紛争時における文化財の略奪や輸出などを規制するハーグ条約第一議定書も締結されている。以下にハーグ条約を概観するが、その前に、当該条約以前の関連条約についても言及しておくことにする。

1　ハーグ条約以前の文化財保護関連条約

第二次世界大戦以前のものとしては、ハーグ陸戦法規（一九〇七年）が有名である。これは戦争規制全般について規定しているが、戦争中であっても一般国民あるいはとくに軍隊のない都市を攻撃してはいけないことなども規定されている。その中で文化財保護についてふれた条文がある。左記に掲げる第二七条と第五六条によれば、軍事上の目的に使われない限り、歴史上の記念建造物あるいは学術、宗教の施設等は攻撃してはいけないことが規定されている。

［ハーグ陸戦法規］

- 第二七条（砲撃の制限）

「攻囲及砲撃ヲ為スニ当リテハ、宗教、技芸、学術及慈善ノ用ニ供セラルル建物、歴史上ノ記念建造物、病院並病者及傷者ノ収容所ハ、同時ニ軍事上ノ目的ニ使用セラレサル限、之ヲシテナルヘク損害ヲ免カレシムル為、必要ナル一切ノ手段ヲ執ルヘキモノトス。

被囲者ハ、看易キ特別ノ徽章ヲ以テ、右建物又ハ収容所ヲ表示スルノ義務ヲ負フ。右徽章ハ予メ之ヲ攻囲者ニ通告スヘシ。」

●第五六条（公共用建設物）
「市区町村ノ財産並国ニ属スルモノト雖、宗教、慈善、教育、技芸及学術ノ用ニ供セラルル建設物ハ、私有財産ト同様ニ之ヲ取リ扱フヘシ。

右ノ如キ建設物、歴史上ノ記念建造物、技芸及学術上ノ製作品ヲ故意ニ押収、破壊又ハ毀損スルコトハ、総テ禁セラレ且訴追セラルヘキモノトス。」


第二次世界大戦後まもなく、赤十字国際委員会が推進して制定されたジュネーヴ諸条約（一九四九年）には、文民保護などについては詳細な規定が設けられたが、文化財保護については同条約の第四条約（文民保護条約）に、国や個人のもつ動産・不動産の破壊を制限する条文が入っている程度である。すなわち、同条約第五三条（破壊禁止）によれば、「個人的であると共同的であるとを問わず私人に属し、又は国その他の当局、社会的団体若しくは協同団体に属する不動産又は動産の占領軍による破壊は、その破壊が軍事行動によって絶対的に必要とされる場合を除く外、禁止する」と規定されている。

2　ハーグ条約の締結経緯

武力紛争の際の文化財保護について、第二次世界大戦後、とくに関心をもって検討を進めたのはユネスコ（国際連合教育科学文化機関）であった。ユネスコ憲章（一九四五年作成、翌年発効）第一条によれば、「世界の遺産である図書、芸術作品並びに歴史及び科学の記念物の保存及び保護を確保し、かつ関係諸国民に対して必要な国際条約を勧告すること」が、ユネスコの一つの重要な任務とされている。それはいうまでもなく、これまでの戦争を反省し、「国際平和と人類の共通の福祉という目的を促進するため」（前文）である。

このような精神に基づいて、ハーグ陸戦法規や文民保護条約における文化財保護のあり方をより強化しようとして制定されたのが、一九五四年のハーグ条約である。同条約の前文には、「文化財が最近の武力紛争の間に重大な損害を被っていること及び交戦技術の発達のため文化財の破壊の危険が増大していること」や、「文化的遺産の保存が世界の全ての国民にとって多大の重要性を有すること及びこの遺産に国際的保護を与えることが重要であること」を考慮し、ハーグ陸戦法規等で確立された「武力紛争の間における文化財の保護に関する諸原則を指針とし」、文化財保護に関する可能なすべての国内的及び国際的措置を平時からとるべきことが決意されている。

なお、このような条約の作成に当たり、第二次世界大戦中のイタリアが無防備都市宣言をすることによってローマなどの歴史的建造物が守られた経験が参考にされたという指摘もある。(5)

それはともかく、ハーグ条約成立のプロセスとしては、一九五〇年のユネスコ第五回総会で、「武力紛争の際の歴史的記念物およびその他の文化財の保護条約」に関する草案を作成することが提案され、加盟国の見解が求められることになる。最終的には、一九五二年から政府専門家特別委員会で検討された条約案が、一九五四年にハーグの国際会議で審議のうえ採択された。(6)

3　ハーグ条約の内容

本章のテーマに関連する程度で、ハーグ条約の内容を紹介する。(7)

まず、文化財の定義（第一条）ついてであるが、それは、所有者のいかんを問わず、「各国民が受け継ぐべき文化的資産にとって多大の重要性を有する動産又は不動産」（建築・芸術・歴史上記念すべき物、考古学的遺跡など）、文化財を保存する建造物、動産文化財を武力紛争の際に防護する避難施設、文化財が多数所在する「文化財集中地区」などを指すとされている。

次に、文化財保護のあり方についてであるが、文化財保護は、文化財の保全、文化財の尊重、文化財の特別保護の三つに分けられる。文化財の保全と尊重については、文化財の一般的保護といわれることもある。①文化財の保全は、文化財を武力紛争による予測される影響に対して、適当と認める措置を平時に用意することを意味する（三条）。②文化財の尊重は、武力紛争（戦時）の際に、破壊や損傷の危険にさらす目的で自国および他国領域内にある文化財や文化財保護施設を使用しないこと、あるいは当該文化財に向けていかなる敵対行為も行わないことを意味する（四条の1）。ただし、この文化財尊重義務は、「真にやむをえない軍事上の必要がある場合」には負わなくともよいとされている（四条の2）。③文化財の特別保護は、(a)「大きい工業地区又は攻撃を受けやすい地点たる重要な軍事目標（例えば、飛行場、国防施設、比較的重要な港や交通幹線等）から妥当な距離に存在すること」、(b)「軍事上の目的に使用されていないこと」という二つの要件を満たす文化財を特別保護の下に置くものであり（八条）、特別保護下の文化財は不可侵とされる（九条）。文化財に特別保護が与えられるためには「特別保護文化財国際登録簿」に登録される必要があり、登録された文化財は国際管理の下に置かれる（八条、一〇条）。当該条約に違反する行為を行った者に対しては、締約国が処罰するものとされている（二八条）。

4　ハーグ条約の問題点

当該ハーグ条約の批准国は、二〇〇八年時点で、一二一カ国になっている。しかし、実際に特別保護が与えられているのは文化集中地区のバチカン市と、ドイツやオランダの若干の文化財防護避難施設にすぎず（これまでの特別保護施設をキャンセルした例もある）、この条約はほとんど活用されていない。その理由は特別保護の二つの要件を満たすことが非常に困難だということにある。というのは、多くの場合、重要な文化財が軍事目標になりそうな都市の中心に存在していたり、文化財が軍事目標から妥当な距離に存在するかどうかの合意がなされにくいからである(8)。

また、ハーグ条約成立以降起きた世界の武力紛争において、当該条約によって文化財保護への実効的な対処ができたわけでもない。近年では、一九九〇年代の旧ユーゴ内戦や湾岸戦争などにおいて、世界遺産等の文化財保護に関して、ハーグ条約の実効性について疑問がなげられてきた。このようなことから、ハーグ条約は一九九〇年代以降、見直されることになる（後述）。

三　一九五四年のハーグ条約と日本の対応

1　条約審議における日本政府の対応

日本政府は、一九五四年のハーグ条約が採択されるまでの政府専門家特別委員会やハーグ国際会議の審議に参加し、調印までしている。そして、後述するように、条約の批准に向けた取り組みも行ったが頓挫し、ようやく批准したのは二〇〇七年になってからである。

さて、条約審議過程において日本政府は、条約の採択について積極的な立場をとり、日本のいくつかの文化財が特別保護の対象となるように発言していることも注目される。例えば、特別文化財保護の対象に日本の名勝や天然記念物なども加えること、あるいは京都や奈良を文化財集中地区として認めることである。日本は国土が狭いため、文化財集中地区を鉄道や道路といった軍事目的とみなされる施設が横断せざるをえないことについての特例措置を要求した。しかし、そのような特例措置の要求は、会議では承認されなかったといわれている。(9)

そのあたりに関連することは、「武力紛争の際の文化財保護条約」の批准をめぐって行われた一九五六年六月三日の衆議院文教委員会の審議からもうかがわれる。その中で、ハーグ国際会議に参加した政府委員が、奈良、京都、鎌倉などを「文化財の集中都市として、全体としてそのものを文化財として指定してもらいたいという主張を強力にいたしました」が、文化財保護条約は「個々の文化財もしくは文化財の集団を対象としており、その他のいろいろな要素がある町全体」を保護するという趣旨ではないとして、日本側の主張が認められなかったと述べている。(10)

2　条約成立直後の日本政府の姿勢と国会論議

日本政府は、条約成立後、条約批准に向けて取り組む姿勢も示していた。国内法整備としては、一九五八年に「武力紛争の際の文化財の保護のための条約に伴う文化財の保護措置に関する法律案」を起草し、具体的に保護対象となる文化財リストを作成している。(11)

それ以前においても、上述した一九五六年六月三日の衆議院文教委員会において、質問者の委員との問答の中で、政府委員は、「条約が批准せられ、国内法が制定せられますことを祈っておる次第でございます」とか、「文化財保護委員会といたしましても、この法律を促進して参りたいと存じまして、それぞれの関係諸官庁とも連絡をとっておる次第でございます」といったふうに、かなり前向きに国内法制定に取り組む方向での答弁をしている。

ただし、奈良県選出議員の八木一男委員が奈良の軍事基地との関係で文化財保護条約が批准できるのかどうか質問したこと（当時、奈良にはまだアメリカの駐留軍がいたが、駐留軍引き揚げ後、自衛隊がやってくると文化財保護条約が実現できないのではないかとか、自衛隊導入の計画は認めない方がよいのではないかといった質問）に対して、政府委員は、文化財の法華寺近くに自衛隊の訓練所を設置することが好ましくないということを防衛庁に申し入れていると、答弁している(12)。

しかし、結果的には、ハーグ条約は批准されなかった。その理由としては、重要文化財を特別保護の対象とするには、戦時下における鉄道、道路などの用途制限をする法律が必要であるが、その調整が困難であること、特別保護文化財と軍事施設とを離すべき「妥当な距離」が明確でないこと、登録できる特別保護文化財の基準が明確でないこと、日米安保を締結しているアメリカがまだ批准していないことがあげられている(13)。

3　条約の批准を求める市民・議員の動き

日本政府のハーグ条約締結の動きに呼応して、奈良ユネスコ協会、奈良県文化財所有者連盟、奈良市会等が、軍事基地反対運動と関連させて、条約締結を期待する運動を行っている。当時の「大和タイムス」紙（奈良新聞の前身）は、奈良では「非武装都市実現か―奈良　来春条約の調印へ」（一九五三年一〇月二二日付）、「非武装都市を要請」（同年一〇月二六日）という見出しの記事を掲載している。後者の新聞では、ハーグの国際会議で調印される文化財保護条約に基づき、奈良県が国際登録の選定地になるよう、来県のユネスコ関係者に説明することになったことを機会に、「奈良、京都を武力紛争から完全に防ぎ非武装都市を実現したいとの地元の声は……ユネスコ近畿協議会でも意見の一致をみ、さらに……ユネスコ運動全国大会に単独もしくは両府県共同で提案するなど非武装都市実現への地元の動きはようやく活発になって」いることが報じられている。

このような動きは京都にも波及している。[14]「京都新聞」（一九五三年一一年二四日付）は、「京都は『非武装都市』たりうるか」という特集記事を掲載し、識者の意見を掲載しているが、その中で興味深いのは、非武装平和主義憲法学者の田畑忍の意見である。田畑は、「非武装都市が世界のあちらこちらにできることは、世界平和のためからいっても、また文化財保存のためからいっても、まことに結構なことにちがいない。……日本としては、国家全体が右の条約の発効を待って、非武装国家としての国際登録をするように準備をすすめるべきである。」と述べている。[15]

その後、政府によって調印されたハーグ条約をさらに批准すべきことを求める動きもみられた。それを代弁している意見としては、上述の一九五六年の衆議院文教委員会で質問に立った八木一男委員の、次のような見解が注目される。非戦・非武装主義の日本国憲法に基づいてハーグ条約を国内的に生かすという、筆者の考察視点とも合致している興味深い意見なので、少し長くなるが引用しておく。[16]

①日本国憲法を踏まえた基本的視点として、「わが国は、……憲法で示されておるように、平和という問題、戦争の被害を避けると同時に、平和全体を強力に確保するために進むような国家になっているわけでございます。ですから、他の国が一つも批准しなくとも、日本は率先して文化財保護、さらに広くこのよいものを拡大いたしまして、戦争の絶滅まで進めていかなければならない立場にありますのに、……これから大国の動向を考えて、そして進めていくというような手ぬるい態度では、実に遺憾であります。」と述べている。

②ハーグ条約の不十分さを将来是正させていく必要性の提言として、「[日本の]文化財保護委員会の方で条約のときに京都、奈良あるいは鎌倉等を地域的に指定して、保護地帯、非武装都市と申しますか、そういうものを主張されたことは非常によいことで、……私どもはかねがねその主張を持っておったわけでございます。ところでこの条約でその問題がくみ入れられなかったといたしましても、日本人の考え方として、……そういう方向に条約を

進めていくという考え方に立たなければならない……。現在の条約がはなはだ不十分なもので……、将来はこれを拡大していくという立場に立たなければいけないと思うわけでございます。」と述べている。

③奈良・京都などの文化地帯に軍事的施設を設置すべきでないとする提言として、「奈良、京都、鎌倉またその他の重要な文化地点において、軍事的施設がないという条件を積み上げることによって、地域指定も広くすべきだという立場が生まれ、また各国の同調を得ると思う……。このような文化地帯には、特にそのような軍事施設とか軍事工業施設とか、あるいはそれに類したものがないように持っていくのが、わが国の文化財保護の立場であると思うわけでございます。」と述べている。さらに、日本政府のハーグ条約批准のために準備中の国内法によると、「文化財のそばには他国から武力紛争のために破壊されるようなものを置かない、そういうようなものに使わないというような条項があるわけでございます」が、「軍事施設がございますると、そこに爆撃等の危惧が生まれ」るから、「自衛隊が来ないようにしていただきたいと思うわけでございます。」と述べている。

四　一九五四年のハーグ条約以降の関連条約と一九九九年のハーグ条約第二議定書の締結経緯

一九五四年のハーグ条約は、いくつかの重大な問題点を抱えているため、相当数の批准国があるにもかかわらず実効性に欠けていた。当該ハーグ条約は廃止されたわけではないが、その弱点を改善するために締結されたのが一九九九年のハーグ条約第二議定書である。この議定書の前文には、当該議定書が「［一九五四年のハーグ］条約の規定の重要性を再確認し、かつそれらの実施を補強するための措置を通じて、これらの規定を補足するため」に締結されたことがうたわれている。議定書の発効には二〇カ国の批准が必要であったが、二〇〇四年に、非武装・

永世中立国のコスタリカが批准したことにより議定書が発効し、[17] 二〇一〇年現在、五六カ国が批准している。

以下、この議定書の内容を概観する前に、一九五四年のハーグ条約以降に成立した武力紛争の際の文化財保護関連条約と、第二議定書の締結経緯について、本章のテーマに必要な程度で概観しておくことにする。

1　一九五四年のハーグ条約以降の関連条約

一九五四年ハーグ条約成立以降の武力紛争の際の文化財保護関連条約には次のものがある。ただし、当該条約は武力紛争の際の文化財保護それ自体を意図したものではないが、条約の中に、武力紛争の際の文化財保護に関する規定が含まれているものである。

①「世界の文化遺産及び自然遺産の保護に関する条約」（一九七二年）

この条約は「世界遺産条約」と略称されているものであるが、その第一一条の4において、「危険にさらされている世界遺産」については、世界遺産委員会が「一覧表」に記載して公表することになっており、当該「危険」の例として、急速に進む損壊や都市開発事業などとならんで、「武力紛争の発生及びそのおそれ」があげられている。

②「ジュネーヴ条約追加議定書」（一九七七年）

この条約は、武力紛争時において一般住民・民用物・特別地域などを保護するために制定された国際人道法である。当該条約は、人道法の理念に基づいて、一九〇七年のハーグ陸戦法規や一九四九年のジュネーヴ諸条約などを再編したものであるが、第一追加議定書は国際武力紛争において、第二追加議定書は非国際武力紛争（内戦）において適用される。文化財保護について直接規定している第一追加議定書第五三条では、「(a) 国民の文化的又は精神的遺産を構成する歴史的建造物、芸術品又は礼拝所を対象とする敵対行為を行うこと。(b) (a)に規定する物を軍事上の努力を支援するために利用すること。……」が禁止され、違反した当事者は戦争犯罪とされる（同議定書第八五条の4(d)）。この第五三条と同様の規定は、第二追加議定書第一六条にもある。

また、文化財を結果的に保護することになる規定としては、第一追加議定書の無防備地域宣言（五九条）や非武装地帯宣言（六〇条）の規定がある。(18)

なお、当該議定書が一般的には国際人道法として位置づけられているとはいえ、住民や民用物などの保護は国際人権（法）と無関係と考えるべきではない。人道法と人権法は今日では相互に影響を及ぼしあい、融合していると考えられている。(19) そうすると、文化財も単なる人道保護の対象なのではなく、人権保護の対象でもあるから、文化財の破壊などは人権侵害とみなしてよいわけである。(20)「経済的、社会的及び文化的権利に関する国際人権規約」（一九六六年）の第一五条では、すべての者に「文化的な生活に参加する権利」等が認められるとともに、人権規約締約国が「[当該] 権利の完全な実現を達成するためにとる措置には、科学及び文化の保存、発展及び普及に必要な措置を含む」と規定されているが、この人権規定は、平時のみならず、武力紛争時においても尊重されなければ実効性をもちえない。したがって、少なくとも、国際人権規約以降の文化財保護関連条約は、このような前提を踏まえて考えておく必要があろう。(21)

③「旧ユーゴ国際刑事裁判所規程」（一九九三年）

この規程は、一九九一年に発生した旧ユーゴ内戦の戦争犯罪を裁くために制定されたものであるが、同規程第三条(d)は、武力紛争時において、「宗教、慈善及び教育、技芸及び学術に供される建物、歴史上の記念建造物、技芸及び学術上の製作品を押収したり、破壊すること、又は故意に毀損すること」を戦争犯罪として処罰するとしている。なお、この規程は、上記のジュネーヴ条約第一追加議定書五三条の考えを踏まえたものといえるが、旧ユーゴ内戦にかかわる事件の裁判（二〇〇〇年ブラシュキッチ判決、二〇〇一年コルディチ判決など）において、実際に適用されることになる。当該判決は、有罪の一つの理由として、「宗教や教育に供される建物に対して行われた破壊又は故意の毀損」をあげている。これらの判決により、武力紛争の際の文化財保護（条約）は、国際社会において、判例法としても認められる端緒が与えられた意義は大きいといえる。[22]

④「国際刑事裁判所規程」（一九九八年採択、二〇〇〇年発効）

当該規程第八条2(b)(ix)は、国際武力紛争における戦争犯罪に当たる行為として、「宗教、教育、芸術、科学もしくは慈善の目的に使われる建物、歴史的遺跡、病院並びに病者および傷者を集合させている場所に対して意図して攻撃を加えること。ただし、これらのものが軍事目標でない場合に限る。」をあげている。非国際武力紛争に関する同様の規定は、第八条2(e)(iv)で定められている。

2　一九九九年のハーグ条約第二議定書の締結経緯

一九九一年に発生した旧ユーゴ内戦において貴重な世界遺産や文化財が破壊されたことから、一九九一年の第二六回ユネスコ総会において、オランダ政府とユネスコのイニシアティブのもとで、一九五四年のハーグ条約の実効性について見直すことが提案された。具体的作業は、パトリック・ボイラン教授が提出した報告書（一九九三年）を基に、ユネスコの会議などで条約の見直しがなされていくことになる。その報告書の基本認識は、ハーグ条約が実効性の点ではこれまでは明らかに失敗であったが、国際法としては依然として有効で活用できる。したがって、当面はハーグ条約自体を修正するのはでなく、新たな追加議定書を作成する方向で検討していくことである。そのポイントとしてあげられているのは、ハーグ条約と他の文化財保護制度や戦時国際法との関係、平時からの文化財

保護の予備措置の改善、文化財の特別保護制度の改善、条約違反に対する制裁および処罰手続きの実効性などである。(23)

最終的には一九九九年三月に、一九五四年のハーグ条約締結国だけでなく、非締結国（日本、アメリカなど）、ユネスコ、赤十字国際委員会、ＮＧＯなどが参加するハーグの外交会議において、投票なしのコンセンサスで採択された。(24)

なお、この議定書には、一九五四年のハーグ条約の時点ではまだ不十分にしか考えられていなかったが、その後発展する国際人権や国際人道の考え、具体的には、武力紛争の際の文化財保護関連条約の考えが生かされていることはいうまでもない。この点は、以下の説明の中で明らかにしていくことにしたい。

五　一九九九年のハーグ条約第二議定書の概要

第二議定書の特色は、一九五四年のハーグ条約を改善して、条約の適用を行いやすくし、かつ実効性を高めたことにある。その概要を、第二議定書に即してみておこう。(25)

1　文化財の保護のあり方

まず、文化財の保護のあり方については、①文化財の保全、②文化財の尊重、および③文化財の強化保護の三種類がある。五四年条約に比べると、文化財の保全と尊重についての意味がより具体的で明確にされたことと、特別保護に代わって強化保護が導入されたことに特色がある。

①平時にとられるべき文化財の保全（予備措置）には、目録の作成、火災や構造的崩壊に対する保護のための緊急措置、文化財保全に責任を有する権限ある当局の指定などが含まれる（五条）。

②武力紛争時においても文化財の尊重が確保されることが目標になるが、「真にやむを得ない軍事上の必要」があれば、文化財の尊重義務が免責される。しかし、どのような場合が「真にやむを得ない軍事上の必要」といえるかについては、五四年条約（四条）は明確にしていなかった。この点については、議定書はかなり明確に規定している。攻撃側からすると、文化財がその機能によって「軍事目標」にされており、かつ、それに対する攻撃（敵対行為）以外には軍事上の利益が得られない場合である（六条a）。防衛側からすると、文化財が破壊等の危険にさらす目的のために文化財を使用すること以外には、軍事上の利益を得られない場合である（六条b）。

ここには、紛争当事者は民用物と軍事目標を常に区別して軍事目標のみを軍事行動の対象としなければならないという、一九七七年のジュネーヴ条約第一追加議定書で明確に導入された「軍事目標」主義（四八条以下、とくに五二条2）が反映されている。ハーグ条約第二議定書では、「軍事目標」は、「その本質、場所、目的、又は使用が軍事行動に効果的に貢献する物で、その全面的又は部分的な破壊、拿捕又は無効化がその時点における状況の下において明確な軍事的利益を供するもの」を指すと定義されている（一条）。

③文化財が次の三つの要件を満たす場合は、「強化保護」の下に置かれる。すなわち、当該文化財が、「(a)人類にとって非常に重要な文化的遺産であること、(b)その特別な文化的及び歴史的な価値を認めかつ最高水準の保護を確保する十分な国内法令措置及び行政措置により、保護されていること、(c)軍事上の目的または軍事上の用地を保護するために使用されずかつその文化財を管理している締約国がそのように使用されないことを確認する宣言をしていること」である（一〇条）。

この「強化保護」が五四年ハーグ条約の「特別保護」に比べ優れているのは、後者の場合に必要とされていた、文化財と軍事目標間の「妥当な距離」という不明確な要件がなくなったことにより、文化財保護の確保が容易になったことである。[26] すなわち、文化財の軍事利用をしないことが確保されることが確認されればよいのである。なお、第二議定書と五四年ハーグ条約の両方を締結している場合には、「強化保護」の規定だけが適用される（四条b）。

「強化保護」を付与されるためには、一二カ国で構成される「武力紛争の際の文化財保護のための委員会」に文化財の一覧表を提出し、投票する委員の五分の四の多数決による決定が必要である（一一条、二四条）。これは、五四年ハーグ条約における文化財の「特別保護」を受けるための「特別保護文化財国際登録簿」への登録が、全締約国の賛成を必要としているのに比べると、文化財保護の国際的承認ないし保障手続きがされやすくなっているといえよう。

「強化保護」の下にある文化財については、攻撃側は攻撃目標にしてはならず、防衛側は軍事行動の支援目的で使用してはならない（一二条）。軍事行動の支援のために文化財が使用されたり、「強化保護」の要件が満たされなくなったりした場合には、「強化保護」が停止または中止される（一四条）。また、このような場合または、軍事行動の支援目的で文化財が使用されたために当該文化財が軍事目標になっている場合に限り、文化財を攻撃目標にすることができる（一三条）。

「強化保護」の要件が満たされている条件下にある文化財を攻撃目標にしたり、当該文化財またはその隣接の周囲を軍事行動の支援目的で使用することなどは議定書の重大な違反行為であり、各締約国は、自国の国内法により処罰するために必要な措置をとらなければならない（一五条）。

2　文化財に対して武力紛争当事者が一般的に留意すべき警戒事項

紛争当事者（攻撃側）は、文化財がある所で攻撃を行う際には、次のことを警戒しなければならないとされている。すなわち、(a) 条約（五四年ハーグ条約第四条、以下同じ）で保護される文化財でないことを確認すること、(b) 条約で保護される文化財への付随的損傷を避け、かつ最小限にするために、攻撃の手段及び方法を選択すること、(c) 条約で保護される文化財への付随的損傷の方が、予期される軍事上の利益よりも過剰である攻撃は行わないこと、である。また、(d) 攻撃目標が条約で保護される文化財であることが明白となる攻撃の場合や、条約で保護される文化財への付随的損傷の方が、予期される軍事上の利益よりも過剰であることが明白となる攻撃の場合は、攻撃を中止または停止しなければならない（七条）。

条約および第二議定書で保護される文化財を故意に攻撃目標にすることは、議定書の重大な違反行為であり、「強化保護」下の文化財への攻撃の場合と同様、刑事責任が問われる（一五条1(d)）。

他方、紛争当事者（防衛側）は、「できるだけ最大限に、(a) 軍事目標の近傍から動産文化財を移動し又はもとの場所での適切な保護を提供し、(b) 文化財の近辺に軍事目標を設置しないこと」により、武力紛争状態の影響に対する警戒をするよう要請されている（八条）。

なお、上述の攻撃側の留意事項は一九七七年のジュネーヴ条約第一追加議定書第五七条（攻撃の際の予防措置）を、防衛側の留意事項は同議定書第五八条（攻撃の影響に対する予防措置）を、それぞれ参考にして規定されているといえよう。(27)

3 小括

一九五四年のハーグ条約に対して第二議定書でなされた改善点ないし第二議定書の特色は、次のように要約することができよう。(28)

①平時から文化財保全のためにとるべき予防（予備）措置を具体的に明記したことである。②一九七七年のジュネーヴ条約第一追加議定書に内包されている考えを取り入れて、五四年のハーグ条約を最新のものにしたことである。③利用が困難な「特別保護」制度に代えて、利用が容易になった新たな「強化保護」制度を採用したことである。④武力紛争の際の文化財保護に関係する紛争当事者（攻撃側と防衛側）のいずれに対しても、文化財の攻撃や文化財の軍事目的での利用については、厳格な制約が課されている（軍事的必要性の厳格化）。⑤処罰されるべき重大な違反行為を明確にし、違反行為に対しては各締約国に裁判権を設定する義務を課すことによって、議定書の履行システム（実効性）を向上させていることである。

以上の改善点のほかにも、⑥平時であれ武力紛争時であれ、教育や広報を通じて議定書に関して普及（全住民、軍当局、文民当局に対し）すべき締約国の義務が強調されている。⑦非国際的武力紛争においても議定書が適用されることになったことは、国際人道法を発展させることに寄与していることである。

六　日本のハーグ条約批准・加入と武力紛争の際の文化財保護法制定

1 日本のハーグ条約批准・加入の背景

①一九五四年の「武力紛争の際の文化財保護に関する条約」（ハーグ条約）および②同年の「武力紛争の際の文化

財保護に関する議定書」の批准と、③一九九九年の「武力紛争の際の文化財保護に関する一九五四年ハーグ条約の第二議定書」への加入は、二〇〇七年五月二五日、国会において全会一致で承認され、同年九月一〇日には、①および②の批准書と③の加入書がユネスコに寄託された。それに先立ち、同年四月二七日、「武力紛争の際の文化財の保護に関する法律」が制定されている。同年一二月一〇日から、同法律の施行規則も、ハーグ条約などの発効と同時に施行されることになった。

このような背景としては、次のことが考えられる。(29)

まず、一九五四年のハーグ条約では、特別保護文化財の保護のためには、同文化財が軍事施設と「妥当な距離」にあることが要件になっていたが、この要件を満たすことは現実的には困難なため、ほとんどの国では同条約は実現されなかったし、日本政府が批准しない大きな理由の一つにもなっていた。しかし、ハーグ条約第二議定書では、人類にとっても、各国にとっても特別に重要な文化財については、軍事的な利用をしないという要件を守れば、「妥当な距離」という要件がなくとも保護されるように改善されたから、狭い国土で、軍事基地が文化財集中地域にあるような日本でも、当該議定書を批准して遵守すれば、文化財保護がなされることになった。これが第一の背景である。

第二の背景は、有事法制が整備されたことが、ハーグ条約の批准・加入を必要とするに至ったということである。それは、武力紛争における国民の保護などを規定した国際人道法のジュネーヴ条約追加議定書を日本政府が批准した動機が、有事法制や国民保護法制をつくることにあったのと同様のことである。というのは、日本が武力攻撃事態等に巻き込まれた場合に、国民保護計画において、文化財をどう保護するかという問題を考えざるをえなくなったからである。

そのことは、二〇〇四年の有事関連法案の国会審議の中で、ジュネーヴ条約の批准について行った政府答弁から明らかである。すなわち、野党民主党の前原誠司議員が、「文化財保護に関して国際人道法下においてはどのような規定が設けられているのか、国民保護法案においてはどうか、そして文化財保護のハーグ条約の批准を行うべきではないか」と質問したのに対して（四月二〇日）、政府は、「有事法制の関係で文化財保護については、有事関連七法の国際人道法違反処罰法や国民保護法の中で考慮している。ハーグ条約についても批准に向けて検討作業を開始している」と答えている（五月一四日）。

その後の二〇〇四年六月に制定された「国際人道法違反処罰法」と「国民保護法」は、武力紛争の際の文化財保護について、次のような趣旨の規定を設けている。すなわち、「国民保護法」第一二五条（文化財保護の特例）では、文化庁長官は、武力攻撃災害による重要文化財等の滅失、き損その他の被害を防止するため特に必要があると認めるときは、当該重要文化財等の所有者、管理責任者、管理団体（自治体も含む）等に対し、当該重要文化財等について、保護に必要な措置を講ずべきことを命じ、または勧告することができる、と規定されている。また、「国際人道法違反処罰法」第三条（重要な文化財を破壊する罪）では、ジュネーヴ条約第一追加議定書の締約国間の武力紛争などにおいて、正当な理由がないのに、戦闘行為として、歴史的記念物、芸術品又は礼拝所のうち、重要な文化財として政令で定めるものを破壊した者は、七年以下の懲役に処せられる、と規定されている。なお、同条でいう政令（二〇〇四年八月公布）には、重要文化財とは、一九五四年のハーグ条約第八条6の「特別保護文化財国際登録簿」に登録された歴史的記念物、芸術品又は礼拝所と、施設又は地域内の歴史的記念物、芸術品又は礼拝所である、と規定されている。

以上のことからすると、ハーグ条約の批准・加入と武力紛争の際の文化財保護法制定の動機には、平和憲法九条を生かすという視点はないという問題がある。

2　武力紛争の際の文化財保護法の内容と「強化保護」実施の課題

「武力紛争の際の文化財の保護に関する法律」は、ハーグ条約（上掲①〜③）を実施するために制定されたものであるが、特定文化財の指定等に関する事項、被占領地域流出文化財の輸入規制等に関する事項、および特定標章（ブルーシールド）の使用等に関する事項を定める規定と、文化財を損壊する等の行為を処罰する規定（全一二カ条）で構成されている。

この法律の中でここで問題にしたいことは、特定文化財の指定等に関する事項のうち、「強化保護」の指定と強化保護文化財の軍事的利用の禁止および処罰に関する事項である。

条文に即してみると、特定文化財の指定等に関する事項を定める当該法律第三条の第二項は、「強化保護」申請を行う場合には、第二議定書第一一条1の規定により、国内文化財のうち強化された保護の付与が必要と認められるものを記載した表を国際委員会に提出し、同条2の規定により一覧表に記載することを要請している。同法第三条の第三項後段は、第二議定書第一一条9の規定により、国内文化財について暫定的な強化された保護を付与する旨の決定がなされたときは、その旨を官報に公示しなければならないことを規定している。そして、同法第八条によれば、「武力紛争事態において、正当な理由がないのに、強化保護文化財又はその周囲を戦闘行為又は戦闘行為を支援するための活動の用に供し、もって当該強化保護文化財について、当該武力紛争の相手方の戦闘行為による損壊の危険を生じさせた者」（第二議定書締約国などの軍隊構成員）は、三年以下の懲役に処せられることになっている。

この「強化保護」制度について、政府は早急に実施する責務があろう。そのさい必要なことは、第二議定書で「強化保護」文化財として認められる三要件（第一〇条）の一つが、「(c) 軍事上の目的または軍事上の用地を保護するために使用されずかつその文化財を管理している締約国がそのように使用されないことを確認する宣言をしていること」であるから、政府が特定文化財を「強化保護」申請する場合には、当該文化財を軍事利用しないことを宣言することである。(30)

七　ハーグ条約の平和的活用の課題

政府が特定文化財の非軍事利用宣言をして、「強化保護」申請を積極的に行うことになれば、きわめて限られた地域においてではあるが、地域的平和創造のためには好ましいことである。平和運動論的には、住民が居住地域にある特定文化財の「強化保護」申請を行うよう自治体（請願署名など）を通じて政府に要求していくことが望ましい。この点に関しては、無防備平和地域宣言運動の中で市民が提案した京都市条例案第七条において言及されている（後述）。

しかし、政府が「強化保護」申請に真剣に取り組むのかどうかは、防衛省などとの関係もあり、今のところ疑問である。政府は、非戦・非武装平和憲法に反して、有事法制などにより地域の軍事化を進めてきているし、有事法制を具体化する市町村の国民保護計画では、武力紛争の際の文化財保護は困難であろう。(31)

また、仮に「強化保護」が国際委員会で承認されたとしても、武力攻撃から保護されるのは、個別の特定文化財か、文化財集中地域であり、町や都市全体は保護対象にならないという限界がある（例えば京都の平等院地区は保護対象となりうるが、京都市内の文化財が多数存在する地域を町全体としては保護対象地域として指定することはできない）。(32) そもそも、ある地域が武力紛争に巻き込まれたら、当該地域にある文化財保護をはかることは実際不可能に近い。住民の避難とは違い、文化財の避難は困難だからである。(33)

そこで、ハーグ条約の限界をカバーする方法として、法政策論的には、例えば文化財が多数存在する地域を町全体として保護対象地域に指定できるように、ハーグ条約の限界ないし不十分さを超える条約の運用ないし改善を、政府だけでなく、国際社会（ユネスコなどの国際関係機関）に対しても求めていくべきである。この点については、一九五六年の衆議院文教委員会で主張された八木一男委員の見解が想起される必要がある（三の3参照）。

しかし、それが当面困難だとすれば、現行のハーグ条約の「強化保護」制度を前提にしたままで、「強化保護」制度を無防備地域宣言でカバーする方法もありうるのではないかと考えられる。というのは、武力攻撃が禁止される地域の範囲としては、「強化保護」対象地域よりも、無防備地域の方が広いからである。無防備地域が保障されるならば、その地域にある文化財も保護されることになる。このような観点からすると、大津市、奈良市、京都市の市民らの提案による無防備地域条例案の中に文化財保護の規定が盛り込まれていることは、注目できよう。当該条例案について、以下に若干紹介しておくことにする。(34)

［無防備平和地域に関する条例案］

• 大津市条例案第七条

「大津市は、多くの貴重な文化財を保護し、後世に伝えることの大切さを自覚し、文化財が戦争によって破壊されることを防止する措置をとる。」

• 奈良市条例案第七条

「奈良市は、世界遺産の「古都奈良の文化財」をはじめとする貴重な文化遺産を保護し、後世に伝えることの大切さを自覚し、文化遺産が戦争によって破壊されることを防止する適切な措置をとる。」

- 京都市条例案第七条

「市長は、世界遺産をはじめとする京都市内の文化財を戦争によって破壊される事を防止するために、第二条に定義する文化的財産の強化保護を国に求めるとともに、有形無形の京都の文化の保護を通じて平和なまちづくりに寄与するものとする。」

右の条例案のうち、とりわけ京都市の条例案の場合は、第七条以外にも、次のように、文化財保護に関する文言ないし条項を多く入れている点に特色がある。その前文では、「市全域に数多くの世界遺産を有する京都市が、一九九九年の「武力紛争の際の文化財の保護のための条約」（以下文化財保護条約）第二議定書の精神を踏まえ、文化を守り、創造していくためにも、無防備地域宣言が不可欠である。」と規定されている。

また、第一条（目的）では、「この条例は、日本国憲法の平和主義の理念、ジュネーブ諸条約及び文化財保護条約第二議定書等の国際人道法、ならびに京都市会の「非核・平和都市宣言」に基づくものであり、無防備地域宣言を行うことにより、住民の生活と安全、文化を守ることをめざすものである。」と規定されている。

さらに、第二条（定義）の２（文化的財産の強化保護）では、「文化財保護条約第二議定書第一〇条により、文化的財産が次の三要件を満たす場合、紛争当事国からの強化された保護の下に置かれる。

(1)　人類にとってもっとも重要な文化的遺産であること、

(2)　国内の法律及び行政上の適切な措置によって保護され、特別の文化的及び歴史的価値の認証とともに、最高レベルの保護が与えられていること、

(3)　軍事目標ないし軍事用地の防御のために使用されないこと、かつ、文化的財産がそのように使用されないこ

とを保証する宣言が、文化的財産を管理する当事者によってなされていること。」と、規定されている。

このように、とりわけ文化財が多数存在する地域においては、政府に対して、ハーグ条約の「強化保護」申請を積極的に行わせること、さらにハーグ条約の保護地域を広げるような運用や改善を要請していくことは、ハーグ条約の平和的活用になろう。それが平和憲法九条の理念に基づき、ジュネーヴ条約の平和的活用を求める無防備地域宣言とともに平時から準備されることになれば、文化財保護はより確実に保護されることになるし、非戦・非武装地域をつくっていくうえでも有意義であると思われる。

（1）澤野義一『入門　平和をめざす無防備地域宣言――条例による国際人道法の非戦平和的活用』（現代人文社、二〇〇六年）二頁。
（2）澤野義一『入門　平和をめざす無防備地域宣言』（前掲）三頁。
（3）高橋暁『世界遺産を平和の砦に』（すずさわ書店、二〇一〇年）一〇五頁。
（4）J.M.Henckaerts, New rules for the protection of cultural property in armed conflict, 1999, in: http//www.icrc.org/eng/siteeng0.nsf/57JQ37,p.7. この論文は、N.van Woundenberg /L.Lijnzaad (ED.), Protecting Cultural Property in Armed Conflict, 2010にも収録。その他、A.Boivin, The Legal Regime Applicable to Targeting Military Objectives in the Context of Contemporary Warfare, 2006, in: http://www.ucihl.org/reserch/legal_regime_applicable_to_targeting_military_objectives.pdf,p.76.
（5）林茂夫「〈非防守地区〉運動のすすめ」林茂夫編『無防備地域運動』1号、一九八一年、七頁。
（6）R.O'Keefe, The Protection of Cultural Property in Armed Conflict, Cambridge, 2006, p.92-94. 斎藤英俊「『武力紛争の際の文化財の保護のための条約』と日本」西浦忠輝編『人類の歴史を護れ』（クバプロ、二〇〇五年）一二一―一二三頁。
（7）可児英里子「『武力紛争の際の文化財の保護のための条約（一九五四年ハーグ条約）』の考察――一九九九年第二議定書作成の経緯」『外務省調査月報』二〇〇二年（三号）五一―一七頁、河野俊行「戦時下の文化財保護に関する国際法と条約」西浦忠輝編『人類の歴史を護れ』（前掲）一〇三―一〇五頁、パトリック・J・ボイラン「一九五四年の武力紛争の際の文化財の保護に関する条約（ハーグ条約）と一九五四年および一九九九年の議定書」コリン・コッホ編集・翻訳『ブルーシールド　危険に瀕する文化遺産の保護のために』（日本図書館協会、二〇〇七年）一一―二八頁、坂本博「文化の赤十字」『レファレンス』二〇〇八年一一月号五―二四頁など参照。

（8）J.M.Henckaerts, New rules for the protection of cultural property in armed conflict, op.cit.,p.6. 河野俊行「戦時下の文化財保護に関する国際法と条約」（前掲）一〇五頁。

（9）斎藤英俊「『武力紛争の際の文化財の保護のための条約』と日本」（前掲）一二二―一二三頁。

（10）衆議院会議録情報、第二四回国会文教委員会第四六号、一九五六年六月三日。

（11）斎藤英俊「『武力紛争の際の文化財の保護のための条約』と日本」（前掲）一二五頁。

（12）衆議院会議録情報（前掲）。

（13）斎藤英俊「『武力紛争の際の文化財の保護のための条約』と日本」（前掲）一二六頁。

（14）平賀あまな・斎藤英俊「武力紛争の際の文化財の保護のための条約（一九五四年ハーグ条約）――成立過程の論議にみられる日本の役割」『日本建築学会系論文集』六〇八号（二〇〇六年）二一五―二二六頁。

（15）田中はるみ「一九五四年ハーグ条約と日本」大阪国際平和研究所紀要『戦争と平和』一七号（二〇〇八年）五一―五三頁。田畑忍の平和論については、本書第三章を参照。

（16）衆議院会議録情報（前掲）。

（17）ヒューライツ大阪、NEWS IN BRIEF（二〇〇四年三月）、http://www.hurights.or.jp/0403/index.html.

（18）R.O'Keefe, The Protection of Cultural Property in Armed Conflict, op.cit.,p.220-223.

（19）日本の文献として、モーリス・トレッリ［斎藤恵彦訳］『国際人道法』（白水社、一九九八年）一九頁以下、北村泰三「人道法と人権法の交錯と融合」『アジア・太平洋人権レビュー』（現代人文社、二〇〇五年）二五頁以下など参照。

（20）P.I.Bhat, Protection of Cultural Property Under International Humanitarian Law, In: http://www.worldlii.org/int/journals/ISILYBIHRL/2001/4.html,p.9.

（21）P.I.Bhat, Protection of Cultural Property Under International Humanitarian Law, op.cit., p.9; R.O'Keefe, The Protection of Cultural Property in Armed Conflict, op.cit.,p.305-308.

（22）H.Abtahi, The Protection of Cultural Property in Times of Armed Conflict: The Practice of the International Criminal Tribunal for the Former Yugoslavia, in: Harvard Human Rights Journal,Vol.14,Spring 2001 (http://www.law.harvard.edu/

students/orgs/hrj/iss14/abtahi_old.shtml）。なお、ブラシュキッチ判決については、The Prosecutor v.Tihomir Blaskic（Trial Judgement, ICTY 2000）, Part VI Disposition（http://www.un.org/icty/blaskic/trialc1/judgement/index.htm）、コルディチ判決については、The Prosecutor v.Dario Kordic and Mario Cerkez（Trial Judgement,ICTY 2001）, Part V Disposition（http://www.un.org/icty/kordic/trialc/judgement/index.htm）を参照。

(23) P.J.Boylan, Review of the Convention for the Protection of Cultural Property in the Event of Armed Conflict（The Hague Convention of 1954）, UNESCO, 1993,p.7ff.,17ff.

(24) J.M.Henckaerts, New rules for the protection of cultural property in armed conflict,op.cit., p.1-2; R.O'Keefe, The Protection of Cultural Property in Armed Conflict, op.cit.,p.236-241.

(25) 日本の文献として、可児英里子「『武力紛争の際の文化財の保護のための条約（一九五四年ハーグ条約）』の考察」（前掲）二四頁以下、河野俊行「戦時下の文化財保護に関する国際法と条約」（前掲）一〇五—一〇六頁。

(26) J.M.Henckaerts, New rules for the protection of cultural property in armed conflict,op.cit.,p.6; R.O'Keefe, The Protection of Cultural Property in Armed Conflict, op.cit.,p.265.

(27) R.O'Keefe, The Protection of Cultural Property in Armed Conflict, op.cit.,p.257-259.

(28) J.M.Henckaerts, New rules for the protection of cultural property in armed conflict,op.cit.,p.10f.; N.Chadha, Protection of Cultural Property During Armed Conflict,in:http://www.worldlii.org/int/journals/ISILYBIHRL/2001/12.html, p.3,6.

(29) 中内康夫「武力紛争の際の文化財保護の国際的枠組への参加」『立法と調査』二六七号（二〇〇七年）三二—三四頁、平賀あまな・斎藤英俊「武力紛争の際の文化財の保護のための条約（一九五四年ハーグ条約）—批准に向けた日本の活動」『日本建築学会系論文集』六二八号（二〇〇八年）一四一四頁、『朝日新聞』二〇〇七年九月八日付など参照。

(30) 高橋暁『世界遺産を平和の砦に』（前掲）一三六頁。

(31) 奈良県当局が述べているように、東大寺の大仏は大きすぎて移動は無理なので、破損した場合の修復に重点を移すしか対応策がない（『産経新聞』二〇〇五年一〇月二三日付）。

また、自治体は国民保護計画において、国の方針に従って形式的に文化財保護について規定していても、ハーグ条約第二議定書を具体化する「武力紛争の際の文化財の保護に関する法律」やその関連法令が特定文化財の軍事利用の回避を要請していることなどについて考慮がなされていないように思われる。この情報は、筆者の科研費研究（基盤研究(C)二〇〇七—二〇〇八年、共同研究テーマ「日本のジュネーブ条約追加議定書の批准と国内法的課題」）による自治体アンケート調査に基づいている。

(32) 林晋「武力紛争の際の文化財の保護に関する法律案」『立法と調査』二六六号（二〇〇七年）三七頁。
(33) 澤野義一『入門　平和をめざす無防備地域宣言』（前掲）四一頁。
(34) 澤野義一『入門　平和をめざす無防備地域宣言』（前掲）三六―三八頁、一二八―一三〇頁。

■著者紹介

澤野義一（さわの　よしかず）

1951年　石川県七尾市生まれ

1976年　立命館大学法学部卒業後、中京大学大学院修士課程・龍谷大学大学院博士課程で憲法学を専攻

現　在　大阪経済法科大学法学部教授（法学博士）

［主要著書］

『非武装中立と平和保障』（青木書店、1997年）

『永世中立と非武装平和憲法』（大阪経済法科大学出版部、2002年）

『入門　平和をめざす無防備地域宣言』（現代人文社、2006年）

『平和主義と改憲論議』（法律文化社、2007年）

『日本社会と憲法の現在』（共編、晃洋書房、1995年）

『平和・生命・宗教と立憲主義』（共編、晃洋書房、2005年）

『総批判 改憲論』（共編、法律文化社、2005年）

『無防備地域宣言で憲法9条のまちをつくる』（共編、自治体研究社、2006年）

『新自由主義の総括と格差社会』（共編、いずみ橋書房、2009年）

Horitsu Bunka Sha

2012年3月11日　初版第1刷発行

平和憲法と永世中立
―安全保障の脱構築と平和創造―

著　者　澤野義一

発行者　田靡純子

発行所　株式会社法律文化社

〒603-8053　京都市北区上賀茂岩ヶ垣内町71
電話 075（791）7131　FAX 075（721）8400
URL : http://www.hou-bun.com/

印刷：中村印刷㈱／製本：㈱藤沢製本
装幀　仁井谷伴子
ISBN978-4-589-03395-6